あなただけの回答をカンタンに用意できる

受かる！面接力養成シート

Get ready for a job interview

田口久人 Hisato Taguchi

日本実業出版社

はじめに

　あなたは、これから本格化する就職活動の面接で、「ただ、アピールすればいい」と思っていませんか？　それでは、「どんな話をしようか」ということにばかりとらわれてしまいます。一般的に面接官はその都度変わるので、まるっきり同じ面接が行われることはありません。「これを言えば正解」というものがあるわけではないのです。

　面接では、「あなたが何を話したか」よりも、「相手がどのように受け止めたのか」が大切です。いくら自分が満足していても、面接官が満足していなければ意味がありません。面接官が、あなたの話をどのように感じるのかを意識しなければならないのです。もし、あなたが相手の考えや気持ちを無視して一方的にアピールしたら、きっと面接に落ちてしまうでしょう。

　面接では、面接官が求めていることを話すのが一番大切です。あなたが話したいことを話すのではなく、面接官が聞きたいことを話すのです。具体的には、相手の表情、雰囲気、質問の意図などを的確に判断して対応します。面接で行うべきことは、これだけでいいのです。

　では、面接に通過する人と通過しない人はどこで差がつくのでしょうか。それは「面接前の準備」です。面接中にできることは限られています。面接を受けるまでに、どれだけ準備をしてきたのかで結果が異なってくるのです。

　本書は、面接で結果が残せるように、効率的な面接の準備の仕方、面接を有利に進めるコミュニケーション方法、書き込むだけで面接官の質問意図に沿った回答ができるワークシートを紹介しています。特にワークシートは、しっかり取り組めば「自分だけの答え」を見つけることができます。一度でも頭の中で質問の回答を考えれば、面接で格段に答えやすくなります。次のように悩んだり、不安に思っている方にはとても役立つでしょう。

- 面接のときに自分の言いたいことをきちんと話せるかな…
- 面接のときに一体どういうことを聞かれるのか？　それに答えられるか…
- 面接をなかなか突破できない…
- なんで面接に落ち続けているのかわからない…
- 面接中、何に注意をすべきかわからない…
- 面接官に好印象を抱いてもらうには…

　また、本書は面接前、面接中、面接後と、実際の流れに沿って構成しています。面接を受けたことがない人、面接の経験が少ない人でも、読むだけで面接の練習になります。何度もくり返し読むといいでしょう。

　時間がない人は、すべてのページを読み返す必要はありません。右ページだけ（半分だけ）を読めば、復習できるようになっています。面接前日や面接の控え室でも、短時間でポイントを簡単に確認することができます。

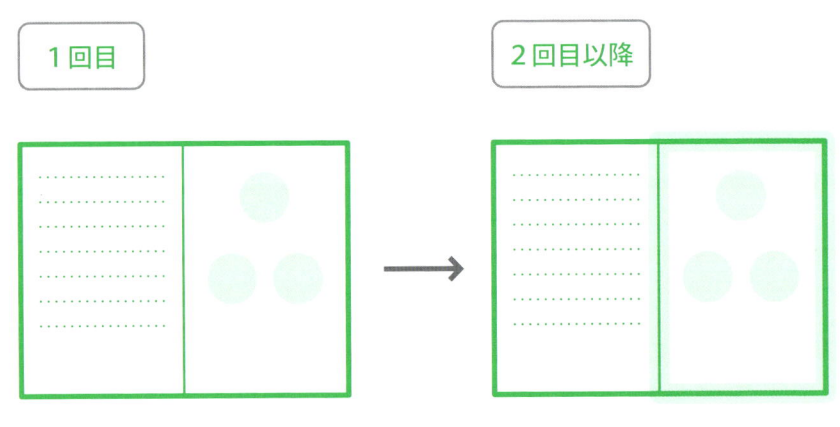

1回目　→　2回目以降

半分だけ読めばいい

　徹底的に準備すれば自信が生まれ、その自信あふれる姿に面接官は魅力を感じます。本書があなたの納得のいく就職活動に少しでもお役にたてれば幸いです。

2010年2月

田口久人

目次

受かる！面接力養成シート
あなただけの回答をカンタンに用意できる

1章 面接準備編

面接について ……………………………………… 12
面接の種類 ………………………………………… 14
面接の準備 ………………………………………… 16
面接はエントリーシートから始まる ……………… 18
情報収集をする …………………………………… 20
話す内容を絞る …………………………………… 22
不安をなくす ……………………………………… 24
自信を持つ ………………………………………… 26
共通点を見つける ………………………………… 28
事前に持ち物をチェックする …………………… 30
面接当日のマナー ………………………………… 32
入室マナー ………………………………………… 34

2章 面接テクニック編

コミュニケーション力とは ……………………… 38
姿勢をよくする …………………………………… 40
あいづちを打つ …………………………………… 42

相手の話を理解する ･･････････････････････････ 44

仕事を意識する ････････････････････････････ 46

具体的に話す ･･････････････････････････････ 48

結論から話す ･･････････････････････････････ 50

簡潔に話す ････････････････････････････････ 52

声のトーン・大きさを合わせる ････････････････ 54

自分の言葉で語る ･･････････････････････････ 56

圧迫質問・答えづらい質問 ･･･････････････････ 58

3章 面接シミュレーション編①

ワークシートの使い方 ･･････････････････････ 62

自己紹介をお願いします ････････････････････ 64

自己ＰＲをしてください ････････････････････ 66

趣味について教えてください ････････････････ 68

あなたの特技は何ですか？ ･･････････････････ 70

あなたの短所は何ですか？ ･･････････････････ 72

いままでで一番つらかったことは何ですか？ ･････ 74

いままでで一番の失敗は何ですか？ ･･･････････ 76

いままでで一番感動したことは何ですか？ ･･････ 78

いままでの人生に点数をつけるとしたら何点ですか？ ･･････ 80

最近読んだ中で、印象に残った本はありますか？ ･･･････ 82

あなたを動物にたとえると何ですか？ ･････････ 84

あなたは友人が何人いますか？ ･････････････････････ 86
あなたは、まわりの人からどう見られていると思いますか？ ････ 88
集団の中での役割を教えてください ･･･････････････････ 90
サークルに所属していますか？ ･･････････････････････ 92
どのようなアルバイトをしていますか？ ･･･････････････ 94
ゼミに入っていますか？ ････････････････････････････ 96
卒論のテーマは何ですか？ ･････････････････････････ 98
学生時代に最も打ち込んだことは何ですか？ ･････････ 100

4章 面接シミュレーション編②

志望動機を教えてください ･･････････････････････････ 104
当社の長所は何だと思いますか？ ････････････････････ 106
当社の欠点は何だと思いますか？ ････････････････････ 108
当社のサービス（製品）についてどう思いますか？ ･･････ 110
当社を知ったきっかけは何ですか？ ･･････････････････ 112
他社はどの程度進んでいますか？ ････････････････････ 114
企業選びの基準はありますか？ ･･････････････････････ 116
学生と社会人の一番の違いは何ですか？ ･･････････････ 118
10年後、あなたは何をしていると思いますか？ ････････ 120
あなたの夢は何ですか？ ････････････････････････････ 122
最後に何か質問はありますか？ ･･････････････････････ 124

5章 面接反省編、Q&A

退室マナー··128
すぐに反省する··130
Q&A··132

- 面接日に提出書類を忘れてしまいました。どうすればいいのでしょうか？
- もし、面接に遅刻しそうになったらどうすればいいのでしょうか？
- 面接案内に「自由な格好でお越しください。私服でもOKです」とあったのですが、どのような格好でのぞめばいいでしょうか？
- 志望企業の面接よりも先に、ほかの企業の面接を受けたほうがいいのでしょうか？
- 自己PRや志望動機などは、1次面接、2次面接と同じ内容を話してもかまわないでしょうか？
- 集団面接で前の人と意見やエピソードがかぶってしまった場合、同じ回答をしてもいいのでしょうか？
- 面接官の質問を忘れてしまった場合、どうすればいいでしょうか？
- 答えられない質問をされたときは、どうすればいいのでしょうか？
- 突然、面接で予想外の質問をされました。そういう場合はどうすればいいでしょうか？
- 「最後に一言どうぞ」と言われて困ってしまうのですが、何を言えばいいのでしょうか？
- 「ほかにどの企業を受けていますか？」と聞かれた場合、落ちてしまった企業のことは言わないほうがいいのでしょうか？
- 銀行や信用金庫などの金融機関の面接を受けるのですが、「御社」と呼んでもいいのでしょうか？
- 「今日はどうやって来ましたか？」と面接でよく聞かれるのですが、何を見ているのでしょうか？

- 面接では、どんな企業にも「御社が第1志望です」と言わなければならないのでしょうか？
- 小・中・高時代の昔の話をしてもいいのでしょうか？
- 最終面接で落ちることもあるのでしょうか？
- 逆面接とは何でしょうか？
- プレゼン面接で気をつけることはありますか？
- グループ・ディスカッションでは何を見ているのでしょうか？
- 面接のあとに、「合否に関係なく電話か郵送で1週間以内に結果を報告する」と言われたのですが、1週間経っても連絡がありません。問い合わせをしたほうがいいでしょうか？
- 指定された面接日に、大学の試験があります。面接の日程変更はマイナス評価になってしまうのでしょうか？
- 面接や説明会などを辞退するときは、連絡したほうがいいのでしょうか？
- 採用・選考について、問い合わせる際の注意点はありますか？

本文イラスト：鈴木美保
本文ＤＴＰ：ムーブ

1章 面接準備編

面接にベストな状態でのぞむための効率的な準備方法を紹介します。面接は事前の準備から始まっており、当日は自信を持ってのぞむことが一番です。心身ともに最高の状態でのぞめるように準備しましょう。

面接について

　面接は、企業があなたのことを知りたいからこそ行われるものです。あなたの意見や考えを押しつけて説得するのではなく、面接官があなたのことを判断しやすいような流れに持っていくことが大切です。面接官の質問はほぼあなたに関することなので、質問意図に沿ってしっかりと答えることができれば、面接を通過することができます。

面接の流れ

　一般的に面接は数回行われます。１次面接は若手社員、２次面接は管理職、３次面接は役員というように、面接が進むにつれて面接官の役職が上がり、それぞれ重視されるポイントが異なります。

１次面接（若手社員）

　面接官（若手社員）に、「一緒に働きたい」と思われるかどうかがポイントになります。「明るく受け答えができているか」「適切な言葉遣いができているか」「あいさつがしっかりできているか」など、人間性が重視されます。

２次面接（部長・課長）

　自己ＰＲ、志望動機、学生時代に頑張ってきたことなど、あなたについて深く掘り下げる質問をされます。「社風に合うか」「志望度は高いか」「仕事で活躍できる資質があるか」というあなたの可能性を見られ、特にコミュニケーション力が必要となってきます。

３次面接（役員）

　「企業の担い手としてふさわしいか」「将来性」などをチェックされます。あなたの過去の経験から本気度（やる気）を見られ、１次、２次の結果をもとに総合的に判断されます。やる気を伝えるために、具体的にどのような仕事をしたいのかなどを明確にしておくことが大切です。

段階ごとの面接の重視ポイント

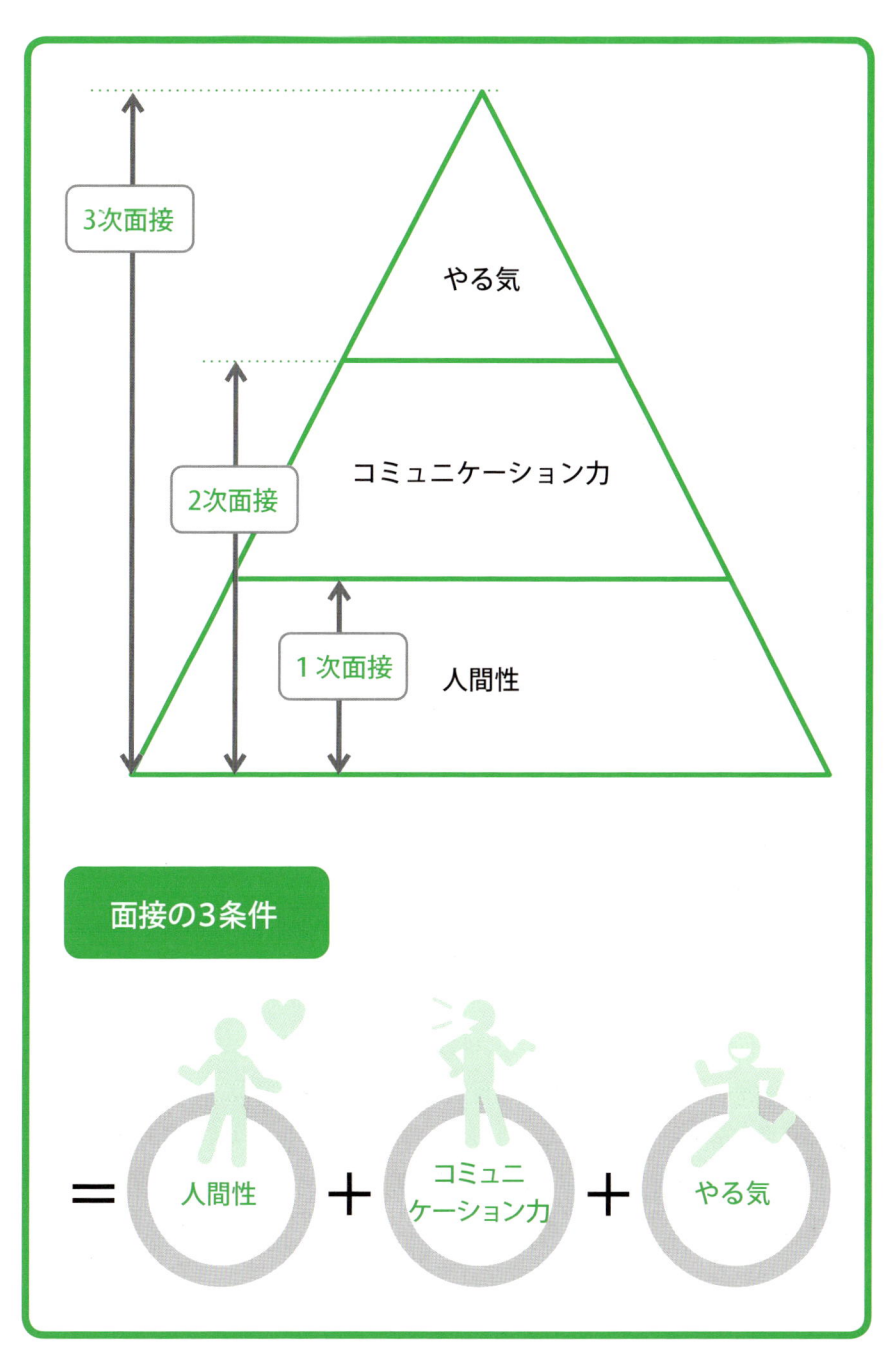

- 3次面接
- 2次面接
- 1次面接

ピラミッド（上から）：
- やる気
- コミュニケーション力
- 人間性

面接の3条件

= 人間性 ＋ コミュニケーション力 ＋ やる気

面接の種類

　一口に面接といっても、様々な種類があります。大きく分けて、個人面接、集団面接、ＧＤ（グループ・ディスカッション）の３つがあります。企業の採用方針によって、面接のスタイルや回数は異なりますが、一般的には集団面接→ＧＤ（ないところもある）→個人面接という流れで選考が進められます。

集団面接
　選考の初期段階で、学生数人に対して面接官１人もしくは数人で実施されます。一般的に 30 分程度で行われ、ほかの面接と比べて話せる時間が短いです。例えば、集団面接の時間が５人で 30 分だとしたら、１人当たり６分程度しかありません。そのため、まわりに配慮しながら簡潔にわかりやすく話すことが大切です。ほかの人の発言について聞かれることもあるので、自分以外の人の話も聞いておきましょう。

ＧＤ（グループ・ディスカッション）
　学生数人に対して面接官１人もしくは数人で実施されます。例えば、「１億円あったら何に使うか」「理想の会社とは」などのテーマを与えられ、それについて４〜 10 人のグループで議論して１つの答えを導きます。「裁判員制度について」などのように結論を出しづらいテーマの場合もありますが、ＧＤは結論よりも議論そのものを重視されます。「みんな一緒に合格しよう」という気持ちで、自分の役割（司会、タイムキーパー、書記など）をしっかり果たすことが大切です。

個人面接
　学生１人に対して面接官１人もしくは数人で実施されます。一般的に集団面接よりも面接時間が長く、10 〜 30 分ぐらい（長いときで１時間）かけて行われます。面接官はあなたについてくり返し質問し、深いレベルまで聞かれます。自分の過去、価値観、やりたいことを把握しておかないと答えられないので、しっかりと自己分析を行っておきましょう。

面接の種類

	集団面接	ＧＤ	個人面接
1人当たりの時間	5～10分程度	5～10分程度	10～30分程度 1時間くらいの場合もある
人数	学生数人と 面接官1人 （もしくは数人）	学生数人と 面接官1人 （もしくは数人）	学生1人と 面接官1人 （もしくは数人）
ポイント①	**ほかの人の話を よく聞くこと** ほかの人の発言について意見を聞かれることがある	**最初に目的を決める** 話がずれないように議論が始まる前にゴールを決めておく	**自己理解を深める** 掘り下げて質問をされるため、しっかりと自分について把握しておく
ポイント②	**ほかの人を気にしない** ほかの人の話や行動に恐縮したり、つられない	**何らかの結論を出す** 時間の制約がある中で結果を出すことが求められる	**油断しない** 雑談をすることもあるが、言葉遣いやマナーなどに気をつける
ポイント③	**質問に簡潔に答える** 時間に制限があるのでほかの人の話す時間を減らさないよう具体的に答える	**仲間意識を持つ** 相手の意見を否定せず、よりよく議論するにはどうするかを考える	**気持ちを伝える** ただエピソードを話すだけでなく、考え・気持ちなどを話して人柄を伝える

1章　面接準備編

面接の準備

　面接で上手に答えるためには、「準備」が欠かせません。準備には、「原稿の準備」と「心の準備」の２つがあります。順番に見ていきましょう。

原稿の準備
　政治家がスピーチする際に原稿を用意しているように、面接でもあらかじめ原稿を用意しておけば、話すことに集中できます。そのためには自分自身について整理しておく必要があります。それこそが自己分析です。ただ思いついた内容ではなく、相手の心に響く経験やエピソードを探しておくことが大切です。たとえば、あなたしか経験したことのないエピソードです。

心の準備
　就職活動は、これから仕事をするために行うものです。そのため、社会人としての心構えができているかどうかが大切です。面接には大学生としてではなく、社会人としてのぞむくらいでちょうどよいでしょう。
　もし社会人としての自分をイメージできないようであれば、あなたが実際に入社して働き、会議に出席している場面を想像してみてください。どのようにふるまい、どのような姿勢で、どのように話しているでしょうか？　そのような場で、悪い姿勢で友達に対してするような言葉遣いはしないはずです。
　心と体はつながっているので、意識が行動として現れてしまうものです。面接では社会人と同じくらいの自覚を持って、社会人と同じようにふるまいましょう。人は自分と同じ雰囲気を持つ人間に好感を持つものなので、面接の評価もよくなります。

▶ 2つの準備

1 原稿の準備
自己分析して話す内容を用意する。(特に相手が興味を持つようなエピソード)

＋

2 心の準備
社会人と同じくらいの意識と自信を持って面接にのぞめるようにする。

＝

面接の準備

1章 面接準備編

面接はエントリーシートから始まる

　面接はエントリーシートから始まっています。なぜなら、面接はエントリーシートや履歴書にもとづいて行われるからです。エントリーシートに書かれていないことは、まず聞かれないと考えてもいいかもしれません。面接であなたが聞いてほしいことは、ちゃんとエントリーシートや履歴書に書いておきましょう。

読みやすく書く

　どんな素晴らしい内容を書いても、それが読めなければ伝わりません。達筆である必要はないので、丁寧に書きましょう。文字がビッシリ詰まっていると読みづらいので、回答スペースの8割程度を埋める文量で書くなど、レイアウトにも気を配りましょう。

強調する

　面接で質問してほしいことがあれば、その部分にアンダーラインを引く、カッコでくくる、太字にする、大きめの文字にするなどして強調しましょう。ただ、それがあまりにも多すぎると、強調したい部分が目立たなくなってしまいます。1つの設問に対して、1箇所ぐらいがちょうどよいでしょう。

見出しをつける

　回答スペースが大きければ大きいほど、読むのにも時間がかかります。面接官に負担をかけないように、「1行目に見出しをつける」「結論から書く」など、一目で内容がわかるように文章の構造を工夫しましょう。

写真について

　一般的に面接官はまず写真を見て、あなたがどういう人なのかをイメージします。ある意味文字よりも面接官に伝わる情報は多いといえるので、あなたが一番最高だと思う写真を選びましょう。

▶エントリーシート記入例

志望動機書

(年 月 日現在)

ふりがな
氏 名

＊以下の枠線内に、手書きまたはワード入力にて志望動機をお書き下さい。
＊ワード入力の場合は、文字の大きさを１０ポイント以上に設定してください。
＊その他、文字体、レイアウト等は自由です。

そして、わたしはPR時代を切り拓きたい。

第1章　PRとの出会い

私がPRの存在を知ったのは、大学1年生の時に出会った「戦争広告代理店」という1冊の本からです。この本には、ボスニア紛争の勝敗を決定づけるPR会社の裏舞台が描かれていました。国際世論までも動かしてしまうマスメディアの影響力に驚くとともに、情報で人を"注目"させ、"意志づけ"させるPRの技術は、どんな場面でも活かすことができる重要な能力だと思いました。この学びから、私はPRに興味を持ち始

第2章　肌で感じたPRの影響力

私は日中韓の大学生と企画した国際ビジネスコンテストのスタッフとして、広報部門を設立し、メディアからの取材依頼活動を行ってきました。1000万円にのぼる運営費をスポンサー企業からご協力頂くためには、社会的信頼度の向上を期待できるPR・広報の機能が必要不可欠であることを、身をもって学びました。私は、メディア掲載を実現させるために「理念共感型」のPR戦略として、プレスリリース資料(左図)の送付や電話営業などの地道な作業を耐え抜くとともに、記者の方々と信頼関係を築くために、相手の悩みや現在考えていることをヒアリングし、学生の目線からのアドバイスや情報提供を3ヶ月続けました。その結果、ようやく私たちの理念や考えについて話を聞いて下さる状態となり、最終的に11媒体からのメディア掲載を実現させることができました。

このPR成果によって、私たちの組織は多大な恩恵を受けました。スポンサー企業は過去最大の44社となり、コンテスト応募を希望する学生からの問い合わせも相次ぎました。最も私が嬉しかったことは、記事掲載によって<u>スタッフ全体のモチベーションが高まり、組織の活性化に繋がったことです</u>。この経験を通して、PRの影響力を直接肌で感じるとともに、より一層PRの世界で活躍したい思いが強まりました。

第3章　私のやりたいこと

<u>私は、PRの力で世の中の個人や組織をもっと元気にしたいです。</u>
広報担当者として私が感じたあの喜びを、PRを通じてより多くの人々に提供していきたいと思います。幅広いクライアントの業務を任せて頂ける環境がある御社のもとで、人間力と交渉力を駆使する一流のビジネスパーソンを目指します。

（吹き出し注釈）
- 余白をとる
- 見出しをつける
- 丁寧に書く
- アンダーラインで強調する

情報収集をする

　面接では自分のことについて聞かれることがほとんどですが、受験企業について聞かれることもあります。自分のことなら何とかその場で対応することもできますが、受験企業については知らないと答えることができません。あらかじめ情報収集しておくことが大切です。

企業の基本情報

　面接では、何を質問されるかわかりません。突然、「今日のうちの株価はいくらだった？」「従業員は何名いるかわかっている？」などと聞かれることもあります。そのため、受験企業の基本情報についてはしっかり把握しておく必要があります。面接で質問されるされないにかかわらず、ホームページで調べてわかるような情報（会社概要など）は最低限知っておかなければならないので、ちゃんと調べておきましょう。

ほかの学生が知らない情報を聞く

　会社説明会、ホームページ、パンフレットに掲載されている情報はほとんどの受験者が知っています。当然、面接官も知っています。誰もが知っているようなことをいくら話しても面接官にはなかなか響きません。ほかの人が知らない情報は「人」が持っています。つまり、受験企業の社員（OB・OG）です。積極的にOB・OG訪問をしてあなたしか知らない情報を聞き出しましょう。

選考情報について調べる

　よほどのことがないかぎり、選考の流れは毎年ほとんど変わりません。志望する企業から内定をもらっている先輩や、志望する企業を受けたことのある大学の先輩に選考形式を聞いておきましょう。事前に選考形式を知っているだけでも、心構えや取り組み方がまったく異なってきます。例えば、あらかじめ面接官が10人と知って面接にのぞむのと、知らないでのぞむのとでは、結果も違ってくるでしょう。

会社概要チェック表

会社創立年	年
資本金	円
売上高	円
従業員数	人
株価（株式上場の場合）	円
支社数（店舗数）	社（店舗）
代表者	
会社沿革 （30秒程度〈150文字程度〉で説明できるように）	

話す内容を絞る

　面接の時間は限られています。自分の考えをすべて話したいという気持ちはわかりますが、比較的長く話すことができる個人面接でも、話せる時間は10～30分程度しかありません。短い時間の中で、いかに自分についてわかりやすく伝えるかが大切です。

話すべきことを絞る

　「自分が話したいことをすべて話そう」という意識が強いと緊張してしまいます。そもそもそんな時間はありません。あらかじめ、「これだけは話さないと自分が伝わらない」というエピソードを3つぐらいにまとめておきます。頭の中で整理しやすいように、紙やノートに書いておくとよいでしょう。

むやみに話す内容を暗記しない

　面接で話す内容を決めても、シナリオのセリフのように丸暗記してはいけません。暗記するほど練習するのは素晴らしいことですが、自分の言葉で話すことができずに、ぎこちなくなってしまいます。なにより、あなたの思いが面接官に伝わりません。

　それだけでなく、暗記した内容を思い出そうとしながら話すと、視線が面接官以外の方向に向いてしまいがちです。面接官に不安を抱かせないように、ちゃんと相手のことを見ながら、笑顔で話すことを心がけましょう。

キーワードで覚える

　もし、話す内容を暗記するのであれば、キーワードで覚えましょう。例えば、「アルバイトで売上100万円達成」「TOEIC 800点取得」「留学先での食事会」などのように覚えます。よく面接であまりにも緊張して、頭が真っ白になってしまう人がいるので、面接会場にあるものや自分と関連づけて覚えるといいでしょう。親指は「バイトで売上100万円」、人差し指は「TOEIC 800点」、中指は「留学先での食事会」などのように関連づけて覚えておき、面接のときに指を見ながら思い出します。

▶ エピソード記憶法

あなたがこれだけは話さないと自分のことが
伝わらないエピソードは何ですか？

3番目に
伝えたいこと

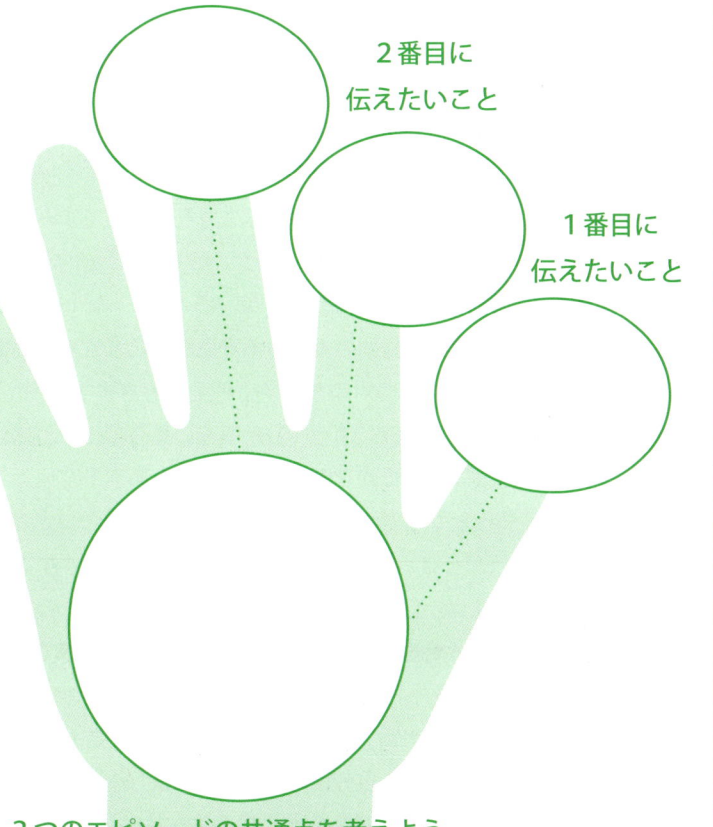

2番目に
伝えたいこと

1番目に
伝えたいこと

3つのエピソードの共通点を考えよう。
そこから伝えたいこと（強み）が確認できる

不安をなくす

　面接では、自分の欠点について聞かれることもあります。自分が一番聞いてほしくないことにかぎって、聞かれるものです。しかし、誰にでも欠点はあるものなので、それ自体は悪いことではありません。それをどう乗り越えようとしているのかが大切なのです。面接にのぞむ前から不安になっても仕方がないので、あらかじめ対策を考えておきましょう。

失敗談を聞く

　人が不安になるのは、未来のこと、つまり結果がどうなるかわからないことについて考えているときです。面接前に不安になるのは、面接で何が起こるかわからないからです。もし、事前に何が起こるのかわかっていれば、不安もなくなり失敗することもありません。そのため大学の先輩やОＢ・ОGなどに面接の経験談を聞いてみましょう。特に失敗談を聞いておくと同じ失敗をしないですみます。

不安を洗い出す

　面接を受ける前に、あなたが質問されたら不安に思うことをすべて書き出してみましょう。そして、その不安への対策を事前に考えておきます。例えば、「大学の成績が悪いことを聞かれたらどうしよう…」と不安に思うのであれば、大学の成績と引き換えに何を頑張ってきたのかを考えておきます。事実を変えることはできませんが、認識を変えることならできます。

　今からでも間に合うならば、これまで以上に頑張って挽回できるかもしれません。さきほどの例で言えば、「大学２年生までは成績が悪かったのですが、大学３年生からは勉強を頑張り、ゼミの共同論文で賞をいただくことができました」と言えるかもしれません。

　不安要素が思い浮かばなければ、「もし、あなたが面接で落ちてしまったとしたら、何が原因で落ちたのか？」と自分に問いかけてみましょう。本番までに、少しでもリスクを減らしておくことが面接成功への近道です。

▶不安対策

もし、あなたが面接で落ちるとしたら、何が原因でしょうか？

不安要素	対策
例） 大学の成績が悪いこと	例） 成績が悪いことは正直に認めて、サークルなどほかに頑張ってきたことを話す

自信を持つ

　面接は、何を話すかはもちろんですが、どれだけ自信を持って話せるかが大切です。同じ内容でも、自信があるのと自信がないのとではまったく印象が違うからです。1社内定すると次々と内定し出す学生が毎年いますが、それは「内定した」という自信がにじみ出て、ほかの会社の面接でも魅力的に映るからです。

話す内容よりも、話す雰囲気

　「メラビアンの法則」をご存知でしょうか？　人の印象は55％が視覚（表情、ジェスチャー、態度）、38％が聴覚（しゃべり方、声の大きさ、声のトーン）、7％が話の内容で決まるという法則です。面接でも、表情、態度、声などのほうが質問の回答よりも圧倒的に面接官の印象に残るのです。あなたが自信を持って話せば、表情、態度、声などに表れ、面接官は魅力を感じます。

　また、自信がないと、印象が悪いだけではなく話の内容にも影響します。例えば、「私の強みは〜だと思います」のようなあいまいな話し方では、面接官に信用されなくても仕方ありません。「私の強みは〜です」のように断定系の言葉で話しましょう。

これまで達成したことを思い出す

　もし、自信を持てないのであれば、以前にあなたが自信を持っていたときを思い出して面接にのぞみましょう。例えば、これまでに何か達成したことはありませんか？　ほかの人にどう思われるかは関係ないので、あなたが達成したと思うことを3つ思い浮かべてください。少しは自信が出てきませんか？

　さらに、あなただけの必勝法を見つけるために、それらに共通して役立ったことを考えてみましょう。そのときの気持ち、行動、考え方を、今度は面接で活かせばいいのです。

▶ **成功の秘訣**

1章 面接準備編

あなたの成功の秘訣は何ですか？

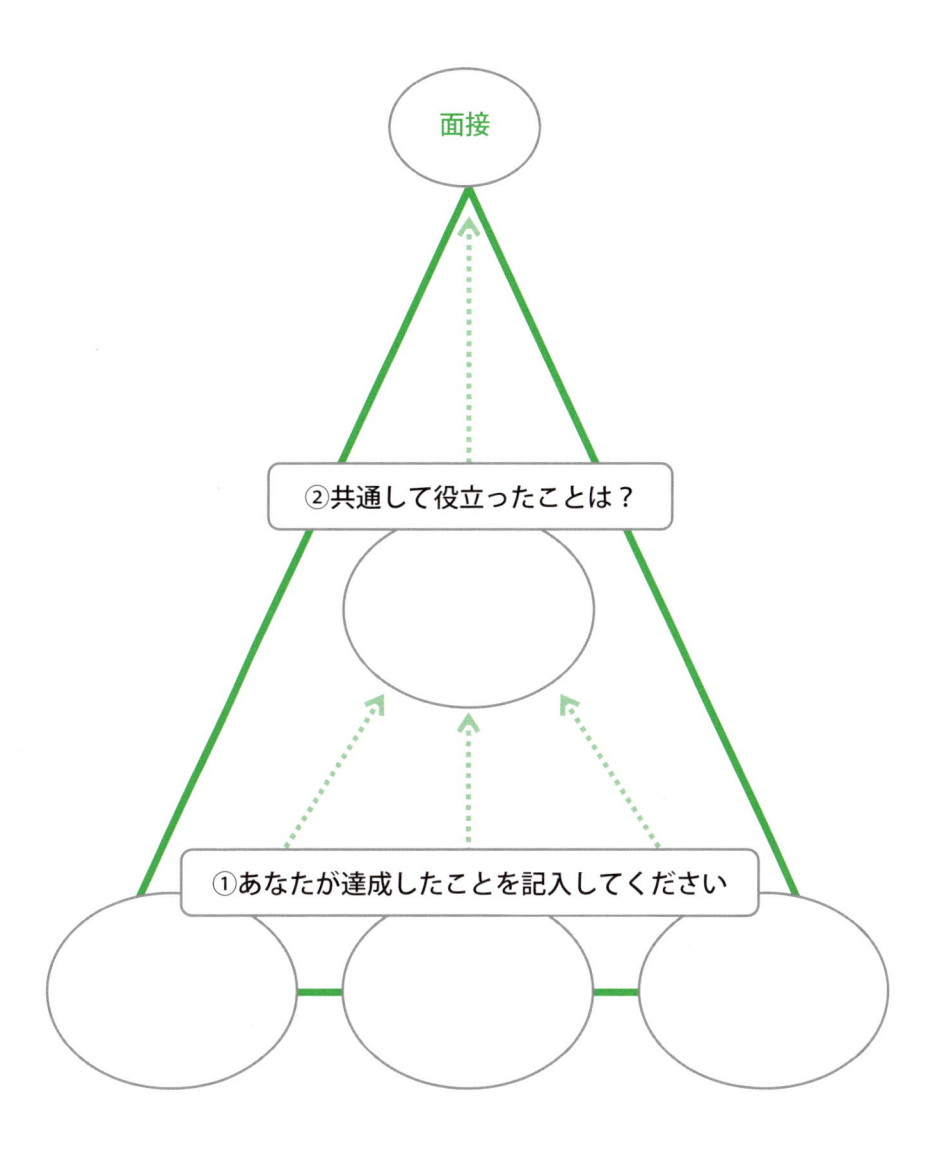

面接

②共通して役立ったことは？

①あなたが達成したことを記入してください

共通点を見つける

　面接では、好感を持たれることが大切です。面接の評価は人がするものなので、面接官の好き嫌いで評価が左右される可能性が高いからです。
　人に好感を持たれるために必要な条件とは何だと思いますか？
　それは「共通点」です。人は、自分と共通点がある人に好感を持つものです。
　あなたも自分と企業との共通点を探して、面接をスムーズに進めましょう。

過度のあこがれは厳禁
　面接といっても、企業とあなたは対等の関係です。志望企業に対して過度のあこがれを抱いている人は、面接官からすればあきらかに自分と異なる人、つまり自社の社員にふさわしくない人のように見えます。そのような人に、面接官は好感を持たないでしょう。
　あたかもその企業の社員のような、企業に期待するくらいの気持ちで面接にのぞむべきです。社員になりきるくらい、あなたと志望企業の共通点を探しましょう。

共通点の探し方
　まだ社会人ではないので、知識や実績などの「経験」については「接点」がありません。できることは、「見た目」「雰囲気」「価値観」などを合わせることでしょう。志望企業で働く人が「どのような見た目か」「どのような雰囲気か」「どのような価値観を持っているか」を分析し、自分との共通点を探します。
　もし、難しければ、次のように考えてください。あなたは志望企業に入社して数年が経ちました。鏡の前に立って自分を見たとき、どのように映っているでしょうか？　どのような表情・雰囲気・価値観を持っているでしょうか？
　このように考えると、一度に社員の方とあなたとの共通点を考えることができます。
　数年後、志望企業の社員になりきったイメージで面接にのぞめば、面接官に好感を持ってもらえるでしょう。

▶ 共通点発見シート

数年後、あなたは志望企業の社員になっています。
鏡にはどのように映っているでしょうか？

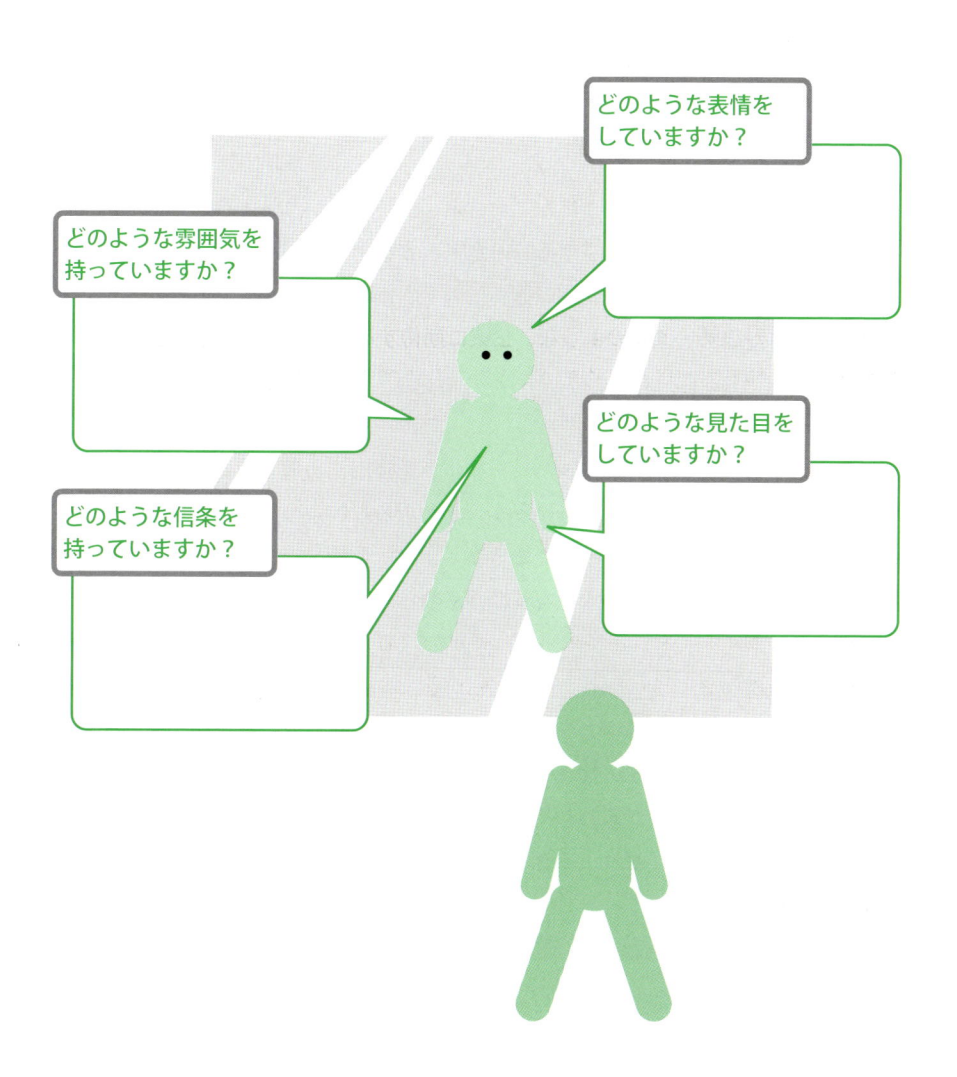

どのような表情をしていますか？

どのような雰囲気を持っていますか？

どのような見た目をしていますか？

どのような信条を持っていますか？

事前に持ち物をチェックする

　面接当日になって、「あれがない」「これがない」と慌ててはいけません。心身ともに最高の状態で面接にのぞめるように、事前にしっかりと準備をしましょう。

当日の持ち物をチェック

　不測の事態が起きても困らないように、前日のうちにバッグの中身を確認しておきます。

会場までのアクセスをチェック

　事前に会場までのアクセスを調べておきましょう。インターネットで地図や交通経路をチェックしていても、一度も行ったことがない場所では当日迷ってしまう可能性もあります。万全の精神状態で面接にのぞむためにも、時間に余裕があれば下見をしておいたほうがよいでしょう。

エントリーシートをチェック

　就職活動中は多くの企業にエントリーシートを提出するので、どのような内容を書いたのか忘れてしまうこともあります。そうならないように、エントリーシートを提出する前に必ずコピーをとっておきましょう。面接前日にはそのコピーを読み返して内容を思い出し、どのような質問がされるか想定しましょう。

体調をチェック

　面接は、緊張する中で集中力を維持しなければなりません。1日2、3社も受けていると、とても疲れます。体調を少しでも万全にするためにも、睡眠をしっかりとりましょう。特に体調が思わしくないと感じたら、いつもより早めに休んでください。最低でも6時間は眠り、できれば0時前に寝るようにすると回復も早まります。

▶持ち物チェック表

- ☐ 筆記用具（鉛筆、シャープペン、黒色のボールペン、消しゴムなど。面接前や面接後に書類を記入することもある）
- ☐ 必要提出書類（企業から指定された場合に健康診断書や成績表などを用意。折り目や汚れをつけないように大きな封筒・クリアファイルに入れる）
- ☐ 印鑑（三文判。交通費が出る場合、精算で必要になる）
- ☐ エントリーシート・履歴書のコピー
- ☐ 会社資料
- ☐ 地図
- ☐ ハンカチ
- ☐ 折り畳み傘
- ☐ 時計
- ☐ 化粧品・ストッキング（※女子学生のみ）
- ☐ 携帯電話
- ☐ 学生証
- ☐ 手帳
- ☐ 本書（待ち時間に読み返そう）

面接当日のマナー

　第一印象は、一度しか与えることができないものです。外見を劇的に変えることはできなくても、マナーや身だしなみを注意することはできます。社会人として、ふさわしいふるまいを心がけましょう。誰が見ているかわからないので、面接会場の最寄り駅に着いた時点から、気を引き締めて向かってください。

最新の情報をチェックする
　面接当日の朝は、新聞やテレビのニュースをチェックしましょう。面接で、「今日の新聞で気になったことは？」「最近のニュースで興味を抱いたことはありますか？」などと聞かれてもいいように、情報収集を欠かさないようにします。

遅刻しない
　面接の時間に遅れる人、つまり約束を守れない人は誰にも信用されません。電車が遅れるなどの不測の事態も考えられるので、30分前には面接会場に到着できるようにのぞみましょう。

身だしなみを整える
　面接官に不快感を与えないように、清潔感のある格好をしましょう。身だしなみを整えていても、会社に到着するまでに乱れてしまうこともあるので、会社に入る前にもう一度チェックしてください。

携帯電話の電源を切る
　面接中に携帯電話が鳴らないように、会場に入る前に電源を確実に切っておきましょう。

控え室ではおとなしく
　控え室での様子は、観察されている場合もあります。まわりの学生と大声で話す、食事をとる、タバコを吸う、他社の資料を見る、居眠りなどの行為をしてはいけません。エントリーシートの確認、読書、頭の中で面接の練習などをしながら、静かに自分の番を待ちましょう。

身だしなみのチェック

男性

髪型
清潔感、さわやかさを感じられるように。寝グセには気をつける。

ヒゲ
ヒゲはNG。無精ヒゲを生やさない。

ワイシャツ
基本は白。きちんとアイロンをかけたもの。

スーツ
黒かグレーか紺で、3つボタンのシングルスーツ。上のボタン2つだけを留め、一番下は外す。汚れ、シワ、シミなどをチェック。

靴
黒か茶色のシンプルな革靴。汚れがないようにきちんと磨いておく。

靴下
黒かグレーか紺の靴下。白ソックスはやめよう。

女性

髪型
清潔感、さわやかさを感じられるように。髪が長い場合は束ねたほうがいい。

メイク
清潔感のあるナチュラルメイク。若々しさを感じられるように。

シャツ
基本は白。きちんとアイロンをかけたもの。

スーツ
黒かグレーか紺で、3つボタンのシングルスーツ。スカートでもパンツでもよい。

靴
黒のシンプルなパンプスが基本。歩きやすいものを選ぼう。

ストッキング
伝線や穴がないか確認。常に予備を持っておいたほうがよい。

入室マナー

　入室時の第一印象は、とても大切です。第一印象は、最初の5秒で決まってしまいます。面接官は、ドアを開けてからイスに座るまで、あなたのすべての行動を見ています。面接会場で急に気を引き締めることは難しいので、入室前から気を引き締めてのぞみましょう。

①ノックとあいさつ
　入室する前からあらかじめ笑顔を作り、ドアを2、3回、ゆっくり間隔を空けてノックします。「どうぞお入りください」と声がかかってから、ドアを開けます。

②ドアの開閉
　案内の声がかかってから1、2秒待ち、「失礼します」と声をかけてゆっくりとドアを開けます。面接官に背を向けないようにして、ゆっくりとドアを閉めます。

③あいさつして一礼
　しっかりと背筋を伸ばし、面接官のほうへ体を向けて目を合わせ、「よろしくお願いします」とあいさつしてから頭を下げます。そして、正しい姿勢を保ちながら、椅子の横まで進みます。

④椅子の横で自己紹介
　大学名、学部、氏名を名乗り、一礼します。面接官から指示があるまで待ちます。基本として椅子の左側に立ちますが、椅子の横にスペースがない場合は、椅子の前に立ちます。

⑤着席のタイミング
　面接官に「どうぞお座りください」と言われたら、面接官と目を合わせながら「失礼します」と返事をしてゆっくりと着席します。勢いあまって、背もたれに寄りかからないように注意しましょう。

▶入室の順番

①ノックとあいさつ

②ドアの開閉

③あいさつして一礼

④椅子の横で自己紹介

⑤着席のタイミング

2章 面接テクニック編

面接をスムーズに進められるコミュニケーション方法を紹介します。面接では何を話したかよりも面接官がどのように受け止めたのかが大切です。相手の表情、雰囲気、質問の意図など的確に判断して話しましょう。

コミュニケーション力とは

　企業の求める人物像にもよく挙げられますが、面接を通過するためには「コミュニケーション力」がとても大切です。では、コミュニケーション力とは何でしょうか？　いざ聞かれると、なかなか答えられないかもしれませんが、順番に考えていきましょう。

コミュニケーション力がある人とは

　「あなたのまわりでコミュニケーション力のある人は？」と問われて、思い浮かぶ人は誰ですか？　その人にはどんな特徴がありますか？　「結論から話す」「コンパクトに話す」「あいづちを打ってくれる」「笑顔で話を聞く」などあるでしょう。そのような人が持つ特徴を真似てみましょう。

「話す力」と「聞く力」

　コミュニケーション力は、「話す力」と「聞く力」の2つで構成されます。面接というと「話す力」に意識がいきがちですが、「聞く力」も大切です。面接といっても、「対話」に変わりありません。面接官の話をよく聞くことから信頼関係を築くことができます。そこから話しやすい雰囲気が生まれ、あなたの話も聞いてもらえるようになるのです。

コミュニケーション力をつけるには

　コミュニケーション力をつける方法は、とても簡単です。それは、「人と話すこと」です。特に初対面の人が相手だと、頭を使うので効果的です。就職活動は、OB・OG、面接官、就職活動中の学生などの初対面の人に会う機会に恵まれています。日々、就職活動でそれらの人と話していれば、自然とコミュニケーション力もつきます。

　久しぶりに面接を受けたら、以前よりもうまく話せなかったということもあります。面接は「慣れ」が大切です。特に年配の方と話すことに慣れていない人は、本命の企業を受ける前にOB・OG訪問や面接を受けて慣れておきましょう。

▶コミュニケーション力

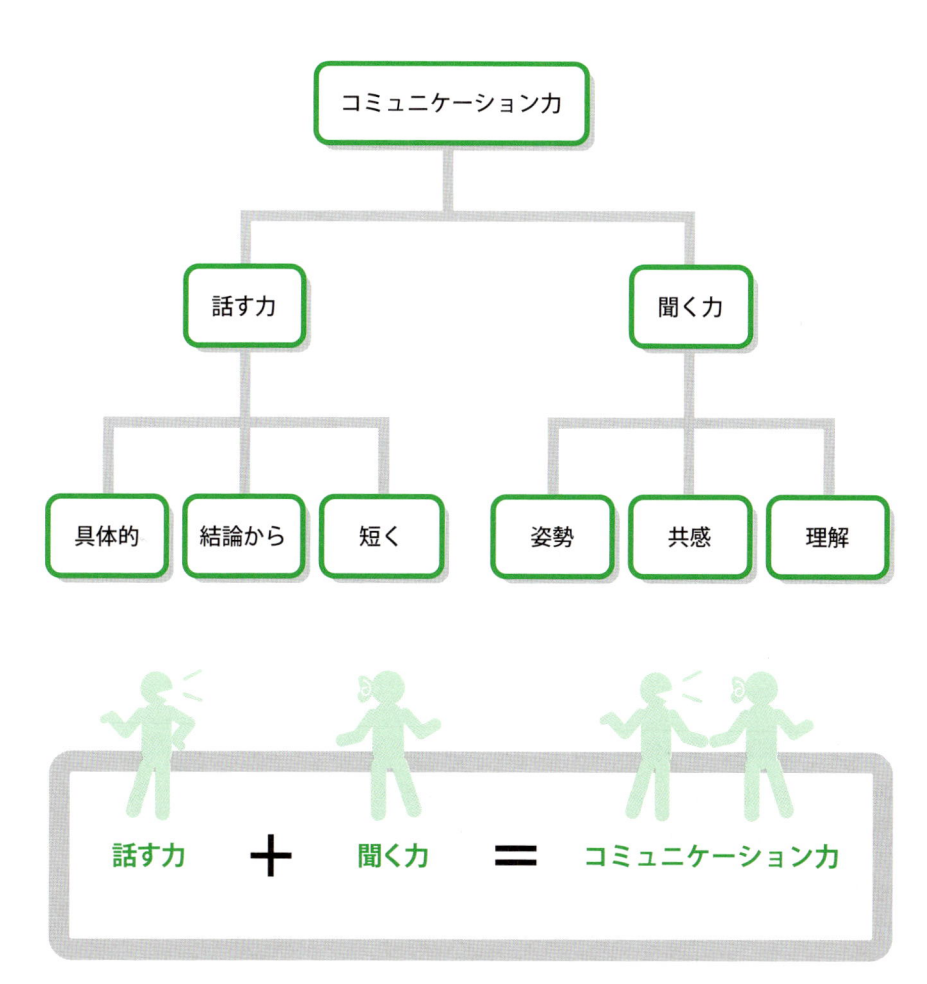

```
          コミュニケーション力
           /            \
        話す力            聞く力
       / | \            / | \
   具体的 結論から 短く   姿勢 共感 理解
```

話す力　＋　聞く力　＝　コミュニケーション力

姿勢をよくする

　面接官にちゃんと話を聞いていることを伝えるために、「姿勢をよくする」「面接官に体を向ける」「うなずく」などの、見た目でアピールしましょう。

うなずく
　一番わかりやい方法は、「うなずく」ことです。話している人のリズムに合わせて、うなずきます。リズムを意識せず、デタラメにうなずき過ぎると、話をちゃんと聞いていることが伝わらないので注意しましょう。

正しい姿勢をする
　相手に興味があるなら、どのような姿勢になるかを考えてみましょう。例えば、面接で椅子の背もたれにふんぞり返っていたら、やる気がないと思われてもしかたありません。そのようなことにならないように、肩の力を抜き、背筋を伸ばしてまっすぐ座りましょう。もし、それが難しいようなら、後頭部の髪が面接会場の天井から糸で引っ張られているとイメージして座ってください（もしくは頭の上にミカンを乗せているイメージ）。
　また、緊張して肩肘が張っていると感じる人は、自分の手が床に引っ張られているとイメージして、肩を落としましょう。

相手に体を向ける
　面接官が複数いる場合は特にそうですが、話をしている面接官に対して体をしっかりと向けましょう。どのように体を向ければいいかわからない人は、自分のヘソと面接官のヘソを1つの線で結ぶイメージで体の向きを調整してください。

姿勢で伝える

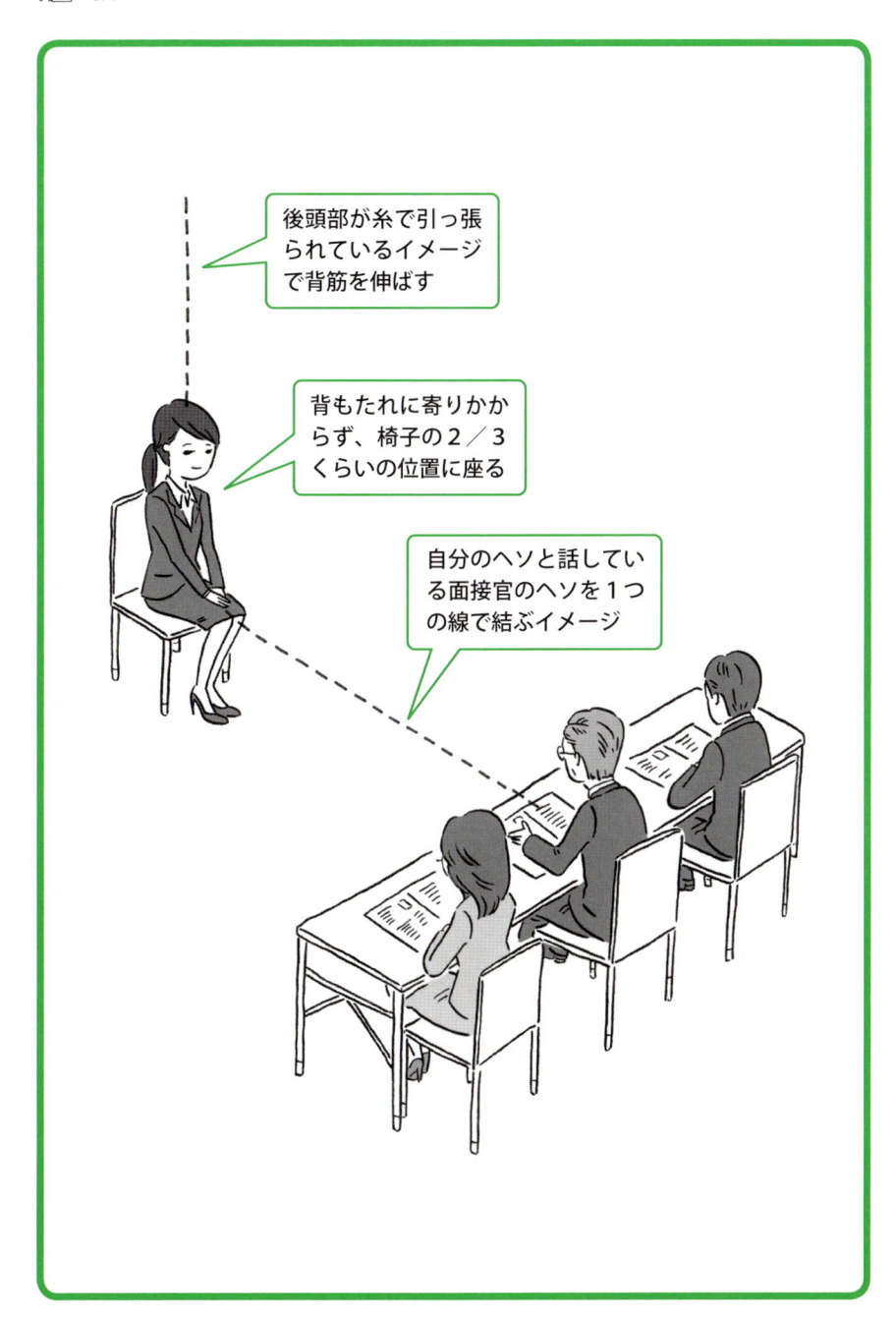

- 後頭部が糸で引っ張られているイメージで背筋を伸ばす
- 背もたれに寄りかからず、椅子の2／3くらいの位置に座る
- 自分のヘソと話している面接官のヘソを1つの線で結ぶイメージ

あいづちを打つ

　面接官は、あなたが話をちゃんと聞いているのかどうかに注目しています。そういった面接官の不安を取り除くことができれば、あなたへの信頼感は増します。話を聞いていることを伝えるために、面接官が話しているときにはしっかり「あいづち」を打ちましょう。

単純（共感）
　単純ですが、答える前に「はい」と言います。次の会話を読んでみてください。

面接官「学生時代に頑張ってきたことについて教えてください」
学　生「はい。テニスです。テニス部に所属しており、主将を務めていました」
面接官「では、テニスをしていて困難だったことはありますか？」
学　生「はい。困難だったことは、100名もいる部員を統率することです」

　リズムよく読めたのではないでしょうか。ただ単純にあいづちを打つだけでも、話のリズムを作ることができ、会話がスムーズになる効果があります。

オウム返し
　面接官の話した「キーワード」や「語尾」をくり返し言います。例えば、面接官から「最近は終電で帰ることが多くて大変なんだよ」と言われたら、「終電で帰ることが多いのですね」のように相手の言ったことをそのまま話します。しっかりと話を聞いていることが相手に伝わり、安心感を与えることができます。
　ほかにも面接官から厳しい質問をされたときに、時間を稼ぐことにも使えます。

あいづちを使い分ける
　必要以上のあいづちは、「本当に話を聞いているのか？」と面接官が不安になるので、ある程度使い分けることが大切です。より丁寧に話を聞いているという印象を与えるためには、「要約」がいいでしょう。「今、お話されていたことは、○○ということですよね？」などのように、自分の意見を述べる前に面接官の話を短くまとめて確認すると効果的です。

▶あいづちの種類

①単純（共感）

「はい」「なるほど」「そうですよね」。
「はなそう」と覚えよう。

②オウム返し

「キーワード」「語尾」をくり返す。

> 例）
> 面接官「明日、世界が滅びることをあなただけが知っていたらどうしますか？」
> あなた「明日、世界が滅びることを自分だけが知っていたらどうするかですね（発言している間に考える）……パニックやトラブルを回避するために、誰にも言わずいつも通り過ごします」

③要約

面接官の話した内容をまとめながら話す。

> 例）
> 面接官「今後、海外展開も視野に入れているのですが、何かアイデアはありますか？」
> あなた「海外展開におけるアイデアについてですね。例えば、○○はいかがでしょうか？」

相手の話を理解する

　面接では、あなたがしっかりと受け答えのできる人間なのかどうかを見られます。面接官の質問に的確に答えるために、相手の話をちゃんと聞いて理解することが必要です。

聴く

　面接官の質問に的確に答えるためには、「聴くこと」が大切です。「聞く」があまり意識せずに音が耳に入ってくる状態を指すのに対して、「聴く」はしっかりと注意して能動的に耳を傾ける状態のことです。面接官の話や質問を聴いていない人の失敗例として、「自己紹介をしてください」と言われたのに「自己ＰＲをする」というのがよくあります。もっと、ひどい例になると面接官の質問を忘れてしまうこともあります。その場合は、素直に面接官に確認しましょう。

認める

　例えば、圧迫面接で「あなたは語学力がないですね」などと、否定的なことを言われることがあるかもしれません。それを「いえ、そんなことはありません」とムキになって否定しては、面接官を不快にさせてしまいます。

　そこで、まずは相手の意見を尊重し認めてから、あなたの意見を述べましょう。例えば、「語学力がないように思われるかもしれません。しかし、毎朝ＮＨＫの英会話講座を聴くなどして、リスニング力を鍛えているところです」などのように言います。どんな質問に対しても、笑顔を忘れずに答えましょう。

油断しない

　自分以外の学生が話をしているときも、同じようにちゃんと聴いていなければいけません。例えば、集団面接のときに、「隣の人の話を聞いてどう思いましたか？」などと言われることもあります。面接官の話だけではなく、まわりの人の話もちゃんと聴きましょう。ちなみに意見を求められた際は、相手の話を引用し、自分に置き換えて話すといいでしょう。

▶相手の話を理解する方法

①聴く

聞く あまり意識せずに音が耳に入ってくる状態 ➡ ×

聴く しっかり注意して、能動的に耳を傾ける状態 ➡ ○

＜もし、質問内容を忘れてしまった場合＞

例）
あなた「申し訳ありません。緊張のあまり質問を忘れてしまいました。もう一度教えていただけないでしょうか？」

②認める

例）
面接官「語学力がないですね」
あなた「語学力がないように思われるかもしれません。しかし、毎朝NHKの英会話講座を聴くなどして、リスニング力を鍛えているところです」

③油断しない

例）
面接官「隣の人の話を聞いてどう思いましたか？」
あなた「はい、〇〇さんの話で『自分が笑顔でなければ、相手も笑顔にならない』という話が印象に残りました。私は居酒屋のアルバイトで接客をしているのですが、いつも笑顔を絶やさないことを意識しております」

仕事を意識する

　面接官の興味は、「あなたが入社して活躍できるかどうか」にあります。あなたが学生時代のエピソードを一所懸命アピールすること自体は、意味がありません。仕事で活躍できそうかどうかをしっかり意識して、アピールする必要があるのです。

過去や現在より未来に興味がある
　面接では、何をアピールしたいのか、つまり仕事でどのように活かせるのかを意識して話しましょう。何も意識しなければ、ただの自慢話になってしまいます。面接官はあなたの過去や現在ではなく、あなたの未来（将来性）に興味があるのです。

　とはいえ、面接官はあなたの未来が見えるわけではないので、過去や現在について聞くことで将来性を確かめようとします。なかには学生時代に一所懸命頑張らなかったことを後悔していて、過去に自信を持てない人もいるかもしれません。しかし、そのような人でもこれからどうしたいのか、将来についてしっかりと語ることができれば、挽回するチャンスがあります。

仕事について意識する
　将来について語るためには、常に仕事を意識して質問に答えることが大切です。企業研究をして、仕事への理解を深めましょう。もし、仕事を意識しづらいようであれば、面接官の質問の前に「仕事」という言葉を付け加えて考えるとよいでしょう。

　例えば、「自己ＰＲをしてください」と言われたら「仕事に役立つような自己ＰＲをしてください」と、「学生時代に頑張ってきたことを教えてください」と言われたら「仕事で活かせそうな、学生時代に頑張ってきたことを教えてください」というように考えます。そうすれば、仕事を意識して答えることができるでしょう。

▶ 「仕事」を意識する

過去・現在

未来

未来を意識するために、「仕事」という言葉を質問の前に付け加えて考える。

「自己ＰＲをしてください」
⬇
「仕事に役立つような自己ＰＲをしてください」

具体的に話す

　面接では、「相手はあなたのことを何も知らない」という前提で話さなければいけません。その際、自分の言葉の意味が相手にちゃんと伝わるかどうかを考え、「小学生」でも理解できるぐらいなるべく具体的に話しましょう。

事実を話す

　専門用語や自分しか知らない言葉、感情に関する言葉を使うのはなるべく避けましょう。特に「感情」は人によって感じ方が異なるので、相手にうまく伝わりにくいでしょう。例えば、あなたが「うれしい」と言っても、どのくらいうれしいのか面接官にはわかりません。具体的に「事実」を語ることで、感情を伝えましょう。

　その際、Who（誰が）、What（何を）、When（いつ）、Where（どこで）、Why（どうして）、How（どのように）したのか（５Ｗ１Ｈ）を意識しながら話すと伝わりやすいです。単純に「うれしい」ではなく、「大学３年生のときに、１年間かけて執筆した論文がコンテストで優勝し、表彰式で人目もはばからず泣いてしまい、１時間くらい涙が止まりませんでした」のように言えば、「うれしさ」がしっかりと相手に伝わります。特に「Why」と「How」をくわしく説明すると、よりイメージがふくらむでしょう。

数字を使う

　具体的な事実以外に、「数字」で語るのもいいでしょう。数字は世界中の誰もが共通して認識できるので、「売上100万円を達成しました」「サークル内で１番でした」などのように使うと、相手も理解しやすいです。

ジェスチャーを交える

　外国人と話す際に、言葉が通じなくて言いたいことをジェスチャーで伝えた経験はありませんか？　ジェスチャーは誰にでもわかりやすいものです。ただイスに座って、手を膝の上に置いておかなくてもいいのです。身ぶり手ぶりを交えながら話すと、相手に効果的に伝えることができるでしょう。

具体的に話す方法

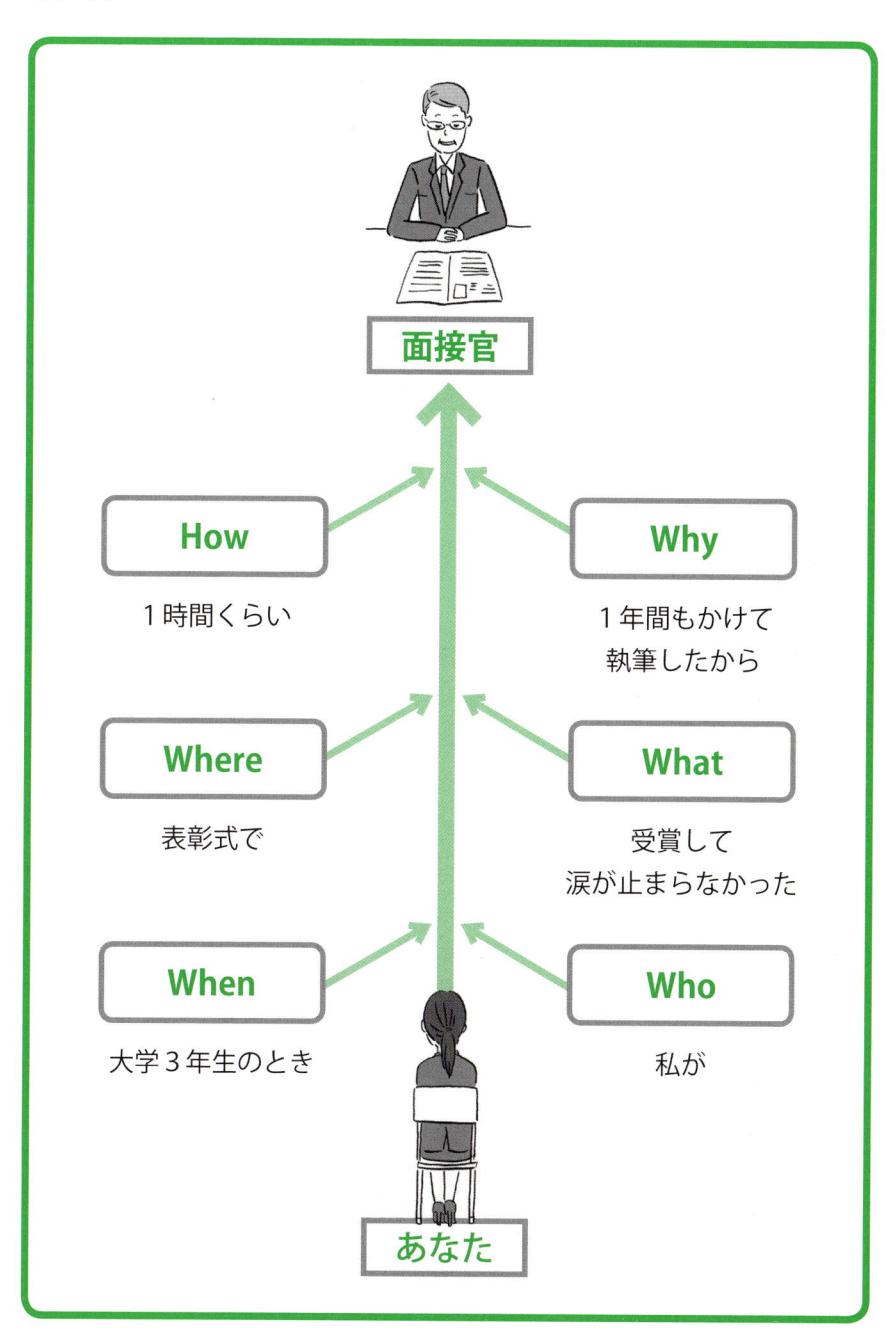

面接官

- **How** — 1時間くらい
- **Why** — 1年間もかけて執筆したから
- **Where** — 表彰式で
- **What** — 受賞して涙が止まらなかった
- **When** — 大学3年生のとき
- **Who** — 私が

あなた

結論から話す

　面接官は、前置きが長くてダラダラした話は、ほとんど聞いてくれません。興味のない話であれば、なおさらです。面接官に興味を持ってもらえるようにまず結論から話すことが大切です。

結論と根拠
　面接官の質問の答えを考える際は、「理由→結論」という流れになるでしょう。しかし実際に答える際、先に理由を話してはいけません。面接官の質問には「○○です。なぜなら……」のように最初に結論、それに続いて理由を述べましょう。結論から話すという意識があれば、ダラダラ話さずにすみます。

客観的な根拠を述べる
　結論を先に述べることで、本当にそれが正しいのかどうか、誰もが納得できるような「理由」を説明する必要があります。その際に、あなたの考えや意見だけではなく、客観的な事実（具体的な体験、固有名詞、数字）を交えて話すと説得力が増し、面接官も納得します。

　さらに権威のある人やモノ（資格）などで裏づけると効果的です。例えば「友達の山本さんが私のことを行動力があると言っていました」と話すのと、「テレビでよく見かける有名な財前教授が私のことを行動力があると言っていました」と話すのとでは、かなり印象が違います。具体的に話せば話すほど、面接官もイメージしやすくなり、納得してくれるでしょう。

例）データで裏づける場合
面接官「何か自信のあるものはありますか？」
あなた「私は体力に自信があります（結論）。毎朝、大学のグラウンドを10キロ走るのを3年間続けております（理由）」

▶ **結論を先に述べる**

考えるときは「理由→結論」、
話すときは「結論→理由」の順番

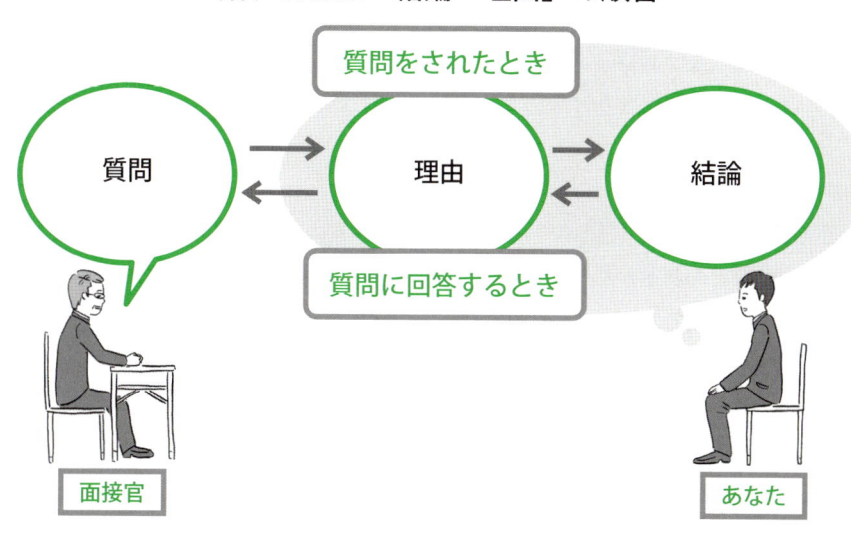

質問をされたとき

質問 → 理由 → 結論
質問 ← 理由 ← 結論

質問に回答するとき

面接官　　　　あなた

理由を話すときは
客観的なデータなどで裏づける

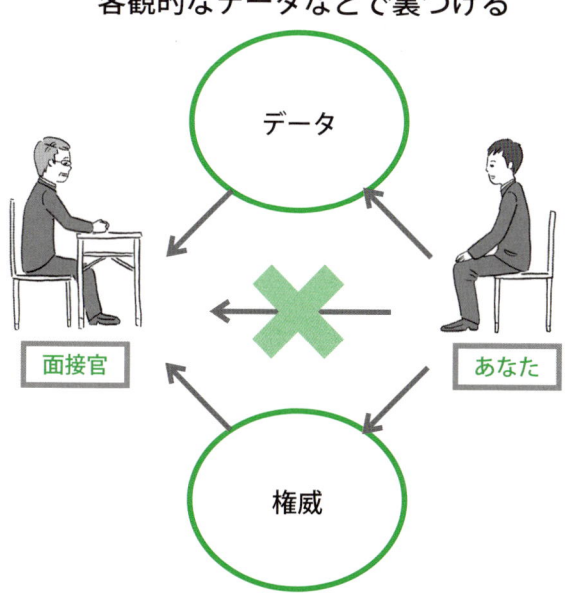

データ

面接官　✕　あなた

権威

簡潔に話す

　人間の集中力は、それほど長く続くものではありません。それは、1日にたくさんの学生を面接する面接官も例外ではないので、短くまとめて話すことを心がけましょう。また、集団面接のように1人にかけられる時間が限られている場合もあるので、ほかの人に迷惑をかけないように簡潔に話しましょう。

簡潔に話す

　面接でダラダラと長く話してしまう人には、「話す内容が整理されていない」「自信がない」などの特徴があります。自分が理解していないことを相手にわかりやすく話すことは、難しいでしょう。そのような人は、不安のあまり思いついたことをどんどん話してしまうので、余計に話が長くなりがちです。自分の中で事前に話すべきことを整理しておきましょう。

　また、面接官の目や表情をしっかり見ながら話すことも大切です。「もっと聞きたいと思っている」「何か質問したいと思っている」、場合によっては「もう聞きたくないと思っている」など、面接官の気持ちを察しましょう。ただ短く話そうとするのではなく、相手に合わせながら話すことが重要です。

まず話の内容を宣言する

　ダラダラと長く話す傾向にある人は、最初に話す内容を宣言するといいでしょう。例えば、「私が選んだ理由は3つあります」などと、数字でこれから話す内容を宣言するとコンパクトに話せます。面接官のほうも、「理由が3つあるのか」とわかって、あなたの話を聞く心構えができます。

時間で区切る

　あなたが長く話していたら、面接官も飽きてしまいます。回答時間の指定がないようであれば、ちゃんと聞いてもらうために30秒以内（150文字程度）で話すようにしましょう。また、どこで話が終わりなのかを強調するために、話の最後に「以上です」と言うと、面接官が次の質問をしやすくなります。1つひとつの文章を、短く話そうと意識することが大切なのです。

簡潔に話して好循環につなげよう

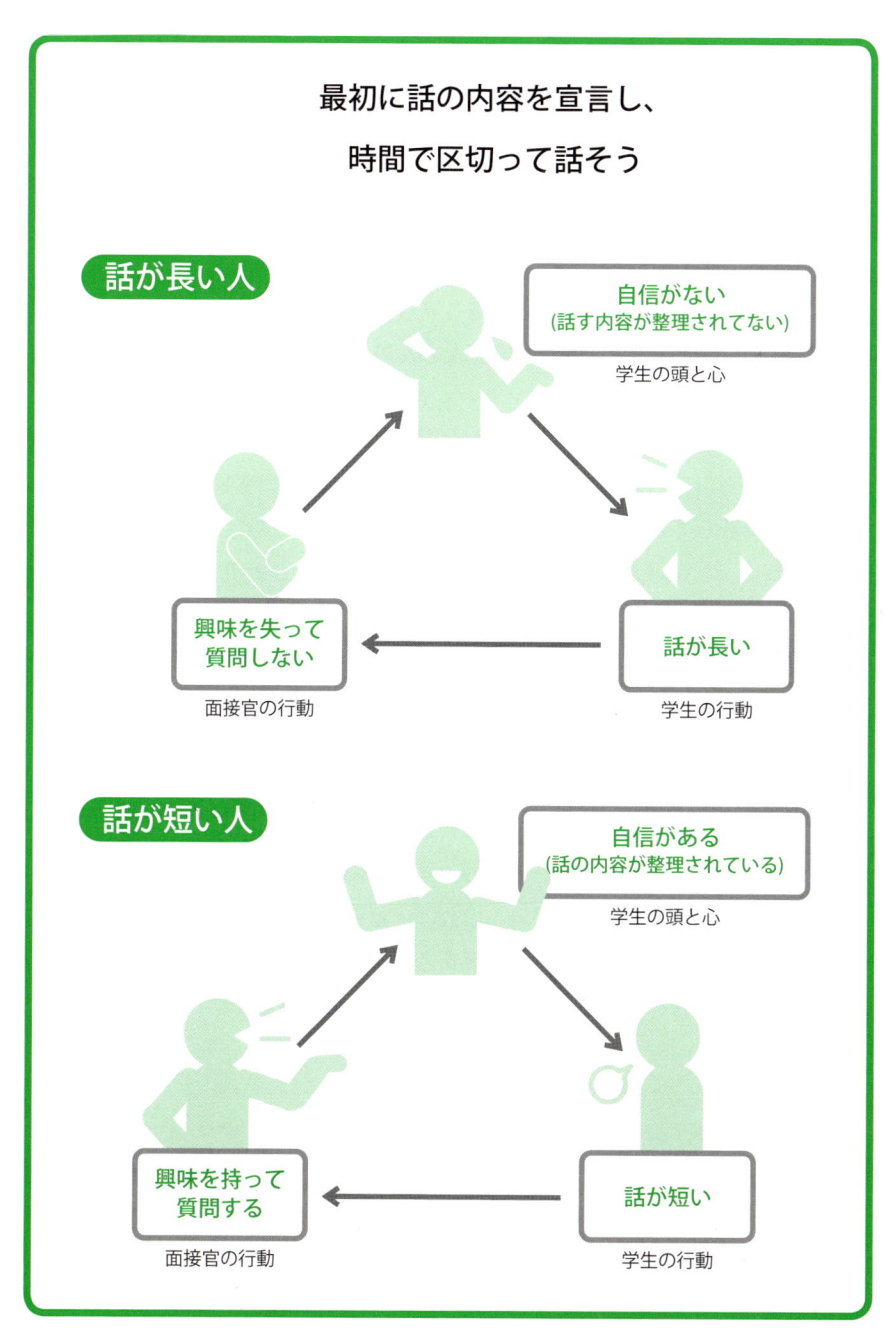

最初に話の内容を宣言し、
時間で区切って話そう

話が長い人

- 自信がない
  (話す内容が整理されてない)
  — 学生の頭と心
- 話が長い
  — 学生の行動
- 興味を失って質問しない
  — 面接官の行動

話が短い人

- 自信がある
  (話の内容が整理されている)
  — 学生の頭と心
- 話が短い
  — 学生の行動
- 興味を持って質問する
  — 面接官の行動

2章 面接テクニック編

声のトーン・大きさを合わせる

　どんなに素晴らしい話も、面接官に聞こえなければ意味がありません。面接では、明るく元気よく面接官に合わせながら質問に答えましょう。

部屋の全員に聞こえる声で

　厳しい質問をされたからといって声が小さくならないように、部屋の全員に聞こえる大きさで、はっきりした声で返事をしましょう。特に圧迫面接の場合、声が小さいと自信のなさが面接官に伝わり、どんどん厳しい質問をされて答えられなくなってしまいます。

　顔が緊張して強ばっていると、なかなか声が出にくくなります。面接前に「目を大きく見開く→口を大きく開ける→口をすぼめて前に突き出す」をくり返して、顔のストレッチをしておきましょう。

抑揚をつける

　面接で話す内容を暗記している人に多いのですが、棒読みはいけません。ずっと一定の声の大きさで話していると、あなたの一番伝えたいことが何なのか面接官に伝わりません。一番伝えたいことは、声を大きくするなどして強調しましょう。ただ、ふつうは本当に自分が頑張ってきたことや、やりたいことを語っているときには自然と声が大きくなるものです。面接官の心は、そのような熱く語る姿勢に動かされます。

　もし、抑揚をつけて話すことが難しければ、面接前に次のような練習をしてみてください。声の大きさと自分の手の位置を合わせて、声を大きくするときは手を上のほうに、声を小さくするときには下のほうに動かして練習しましょう。

面接官に合わせて話す

　あまりにも大声で話すと、面接官に不快な思いをさせてしまうこともあります。そこで、まず面接官の声の大きさをよく聞いて、同じぐらいの大きさで話しましょう。「過剰な大声」「過剰な甲高い声」で話すと頭が悪そうに見えるので、最初は声のトーン・大きさを抑えて話します。

　また、話すペースも面接官に合わせると、さらによいでしょう。

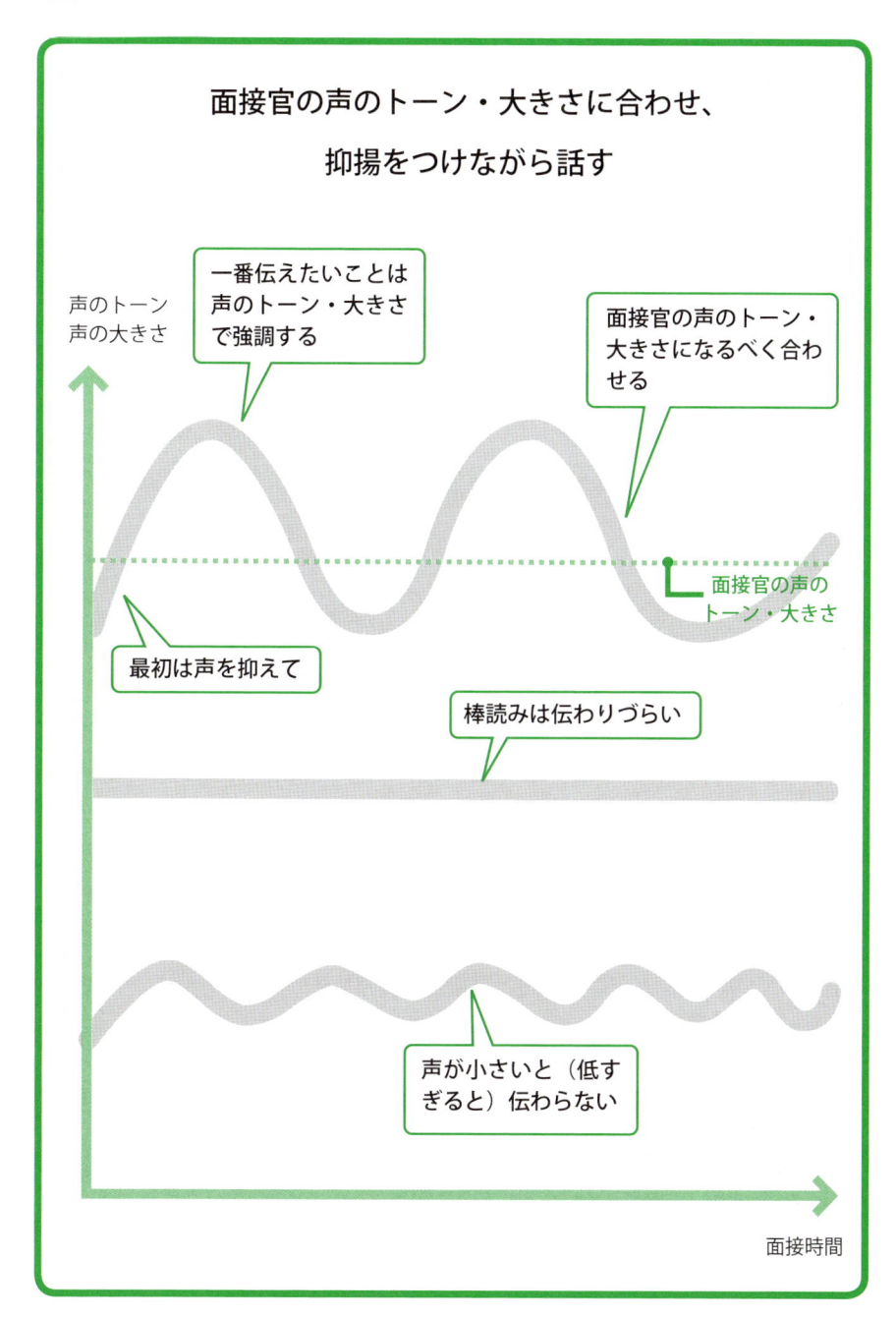

▶声のトーン・大きさ

面接官の声のトーン・大きさに合わせ、
抑揚をつけながら話す

- 一番伝えたいことは声のトーン・大きさで強調する
- 面接官の声のトーン・大きさになるべく合わせる
- 面接官の声のトーン・大きさ
- 最初は声を抑えて
- 棒読みは伝わりづらい
- 声が小さいと（低すぎると）伝わらない

（縦軸：声のトーン・声の大きさ／横軸：面接時間）

自分の言葉で語る

　面接官の心をつかむには、自分の言葉で語りましょう。人から聞いたことや人が話していたことを真似したとしても、面接官にはなかなか響きません。なぜなら、面接官はあなたの話す内容だけではなく、話す姿勢や雰囲気なども含めて評価しているからです。ちゃんと「自分の言葉」で語らなければ、あなたの思いは伝わりません。

本音で語る

　「自分の言葉」といわれていまひとつわかりづらければ、「自分の言葉」＝「本音」と考えてください。そう考えれば、必要以上に「自分の言葉」を意識しなくてもすむでしょう。あなたが本当に心から思っていることや、感じていることを語ればいいのです。

　つまり本音を語れば、自然とあなたの思いも伝わります。例えば、本当に好きなことを語るとき、つい力が入るものです。そのように話せば、聞いている人にも「好き」ということが伝わります。感情を込めて話せば話すほど、面接官に伝わるのです。

　反対に取り繕って自分にウソをつけばつくほど、相手にあなたの思いは届きません。また、面接官から視線をそらすと、「自信がない」「嘘をついている」と思われかねないので、相手の目をしっかりと見て話しましょう。目からも、熱意が伝わるものなのです。

敬語で話す

　「自分の言葉」といっても、友達と話すような言葉遣いはいけません。いわゆる学生言葉や若者言葉といわれるものです。つい無意識に出てしまいがちな「口癖」は、なおさら要注意です。

　社会人になると、様々な年齢や地位の人と話す機会が多々あります。敬語で話していて不快に思う人はいないので、最低限の敬語は身につけておきましょう。あらたまった言葉遣いは慣れていないと、なかなか使いこなせるものではありません。日頃から意識して、使うようにしましょう。

▶ 正しい言葉遣いを覚えよう

✗ 僕・私（わたし）・自分
〇 私（わたくし）

✗ お父さん・お母さん・おじいちゃん・おばあちゃん
〇 父・母・祖父・祖母

✗ 貴社、○○さん（会社名にさん付け）
〇 御社（おんしゃ）

✗ 私的には大丈夫です
〇 私といたしましては大丈夫です

✗ 御社みたいな企業で働きたいです
〇 御社のような企業で働きたいです

✗ 一応、リーダーを務めていました
〇 リーダーを務めていました

✗ 残業は全然大丈夫です
〇 残業は大丈夫です

✗ 私は英文学について勉強していて
〇 私は英文学について勉強しておりまして

✗ チャイ語を履修しております
〇 中国語を履修しております

✗ うん
〇 はい

✗ つらかったっていうか学ぶことができました
〇 つらかったというよりは学ぶことができました

✗ バイトをしていてうれしかったことは
〇 アルバイトをしていてうれしかったことは

✗ 若い社員の方が活躍しているじゃないですか〜
〇 若い社員の方が活躍されているようなので

✗ 英語を活かせる感じの仕事に就きたいです
〇 英語を活かせる仕事に就きたいです

圧迫質問・答えづらい質問

　面接官はあえて答えづらい質問をして、あなたの対応を見ています。答えづらい質問をされたときこそ、落ち着いて対処しましょう。

①スルー法
　面接官はそれほど質問の回答に興味があるわけではなく、どのように対応するのかを見ています。答えづらい質問に関しては、ムキにならずに流しましょう。

> **例**
> 面接官「恋人はいますか？」
> あなた「ご想像におまかせします（笑）」

②イエスバット法
　自分の欠点を指摘されたり誤解を招いてしまった場合、「申し訳ありません」「その通りです」などと一度は面接官の主張を認めます。そのあとに、「しかし」「その分」などと補足や反論をします。

> **例**
> 面接官「あまり成績がよくないようですね」
> あなた「成績はよくないかもしれません。反省しております。その分、サークル活動などを頑張ってきました」

③ノービコーズ法
　あなたの内定に関わるような質問をされた場合、面接官自体ではなく相手の「意見のみ」を否定し、その理由をしっかりと答えましょう。

> **例**
> 面接官「あなたは当社に向いていないと思うのですが」
> あなた「私は御社に向いていると思います。なぜなら……」

👥▶答えづらい質問

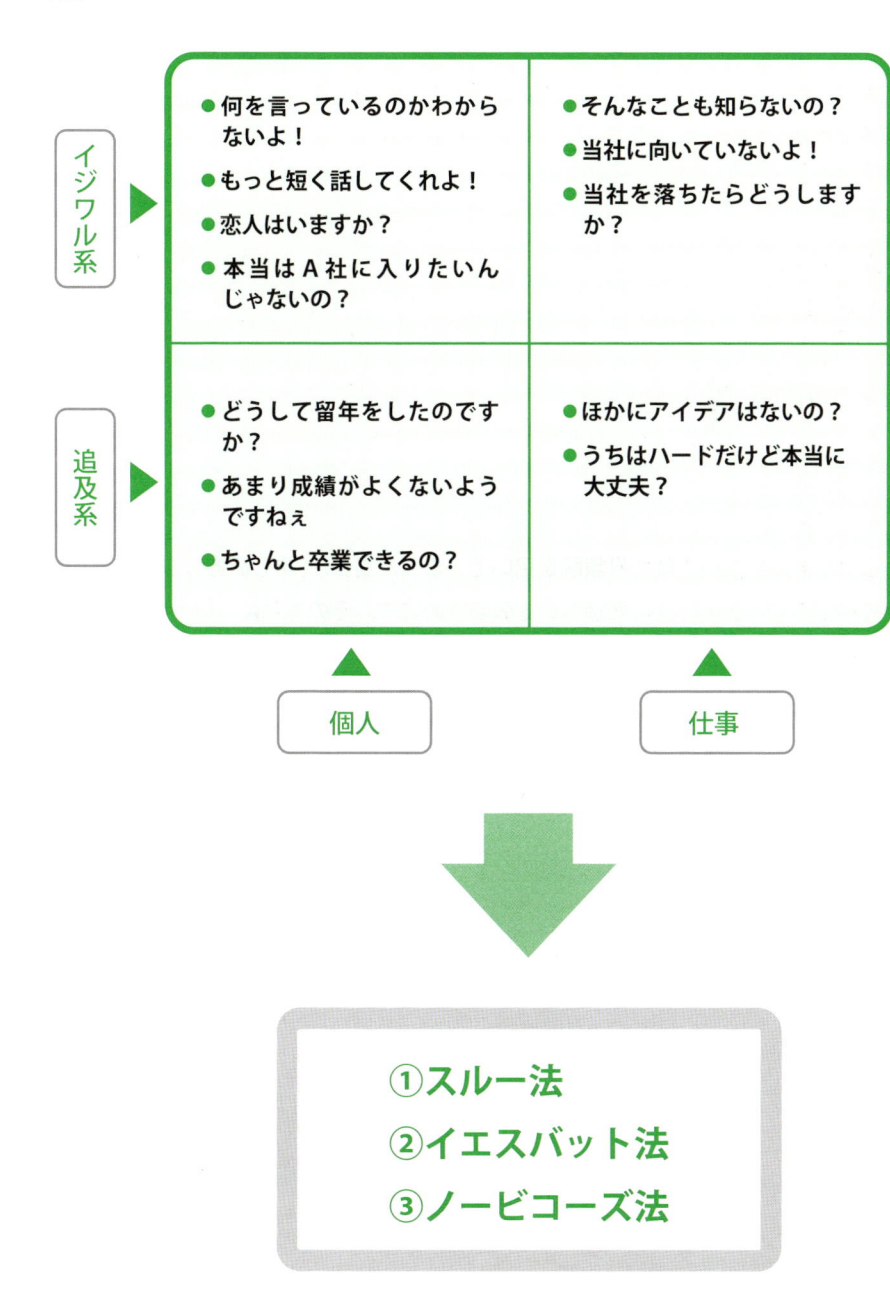

イジワル系
- 何を言っているのかわからないよ！
- もっと短く話してくれよ！
- 恋人はいますか？
- 本当はA社に入りたいんじゃないの？

- そんなことも知らないの？
- 当社に向いていないよ！
- 当社を落ちたらどうしますか？

追及系
- どうして留年をしたのですか？
- あまり成績がよくないようですねぇ
- ちゃんと卒業できるの？

- ほかにアイデアはないの？
- うちはハードだけど本当に大丈夫？

▲ 個人　　▲ 仕事

⬇

①スルー法
②イエスバット法
③ノービコーズ法

3章 面接シミュレーション編①

自己紹介、自己PRなど面接で必ず聞かれる質問のシミュレーションです。ワークシートに書き込むだけで面接官の質問の意図に沿った回答をカンタンに準備できます。本番前までに記入して、対策しておきましょう。

ワークシートの使い方

　第3章、第4章と合わせて30のワークシートがおさめられています。一項目につき見開き2ページ構成で、左ページが記入例、右ページが書き込み用のシートとなっています。面接の直前に右ページに自分が記入した回答を確認したり、あえて空欄のままにしておいて受験企業を想定した回答を心の中で当てはめて読むのもいいでしょう。

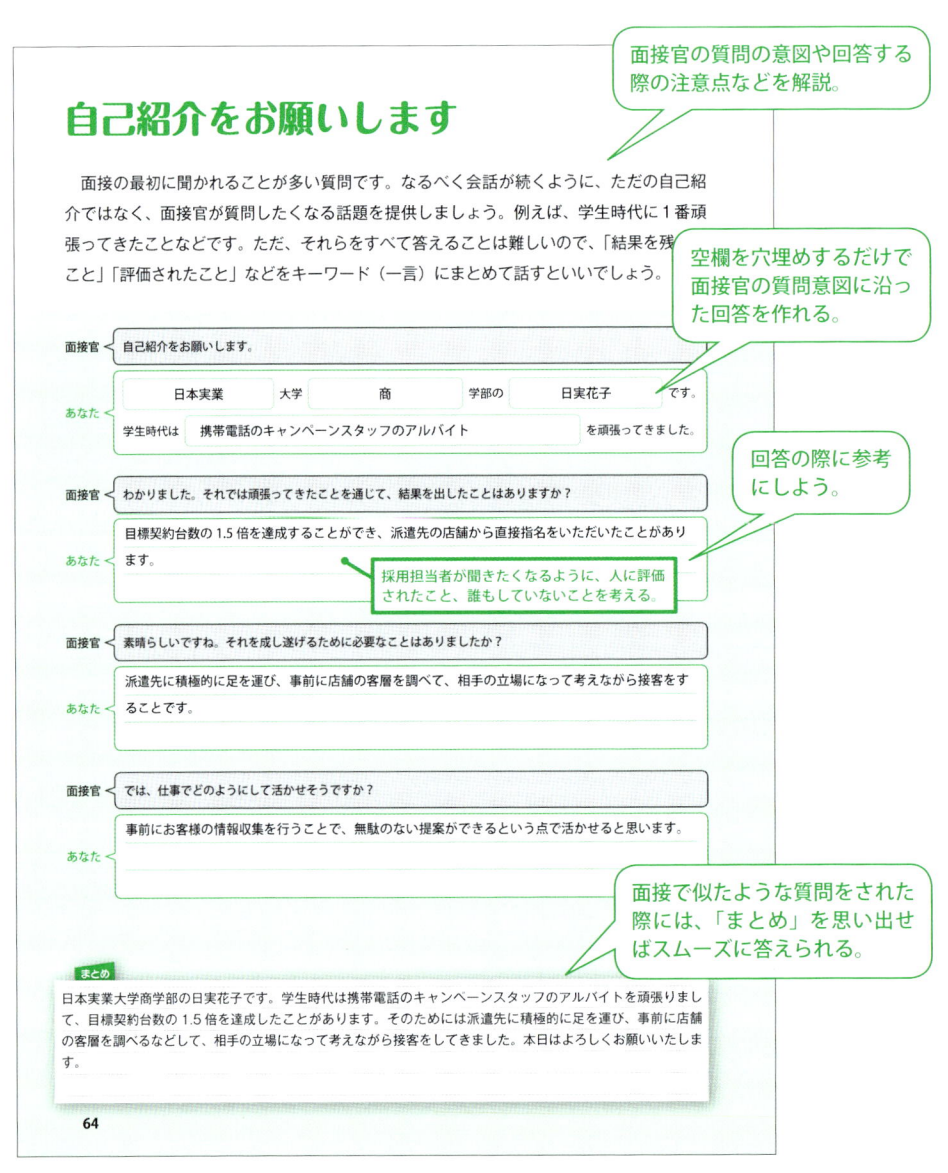

自己紹介をお願いします

> 面接官の質問の意図や回答する際の注意点などを解説。

　面接の最初に聞かれることが多い質問です。なるべく会話が続くように、ただの自己紹介ではなく、面接官が質問したくなる話題を提供しましょう。例えば、学生時代に1番頑張ってきたことなどです。ただ、それらをすべて答えることは難しいので、「結果を残したこと」「評価されたこと」などをキーワード（一言）にまとめて話すといいでしょう。

> 空欄を穴埋めするだけで面接官の質問意図に沿った回答を作れる。

面接官：自己紹介をお願いします。
あなた：　日本実業　大学　商　学部の　日実花子　です。
学生時代は　携帯電話のキャンペーンスタッフのアルバイト　を頑張ってきました。

面接官：わかりました。それでは頑張ってきたことを通じて、結果を出したことはありますか？
あなた：目標契約台数の1.5倍を達成することができ、派遣先の店舗から直接指名をいただいたことがあります。

> 回答の際に参考にしよう。

> 採用担当者が聞きたくなるように、人に評価されたこと、誰もしていないことを考える。

面接官：素晴らしいですね。それを成し遂げるために必要なことはありましたか？
あなた：派遣先に積極的に足を運び、事前に店舗の客層を調べて、相手の立場になって考えながら接客をすることです。

面接官：では、仕事でどのようにして活かせそうですか？
あなた：事前にお客様の情報収集を行うことで、無駄のない提案ができるという点で活かせると思います。

> 面接で似たような質問をされた際には、「まとめ」を思い出せばスムーズに答えられる。

まとめ
日本実業大学商学部の日実花子です。学生時代は携帯電話のキャンペーンスタッフのアルバイトを頑張りまして、目標契約台数の1.5倍を達成したことがあります。そのためには派遣先に積極的に足を運び、事前に店舗の客層を調べるなどして、相手の立場になって考えながら接客をしてきました。本日はよろしくお願いいたします。

> 空欄をすべて記入する。すぐ記入できない場合は、少なくとも面接前までには回答を考えておこう。

面接官：自己紹介をお願いします。

あなた：　　　　大学　　　　学部の　　　　です。
学生時代は　　　　　　　　　　　　　　を頑張ってきました。

面接官：わかりました。それでは頑張ってきたことを通じて、結果を出したことはありますか？

あなた：

> あなたの答えを最大限に引き出すために、実際の面接では聞かれないようなやりとりも含まれている。

面接官：素晴らしいですね。それを成し遂げるために必要なことはありましたか？

あなた：

面接官：では、仕事でどのようにして活かせそうですか？

あなた：

まとめ

> すべての回答をまとめなくてもいいが、簡潔に話せるように、これまでの回答をもとに250字以内でまとめよう。回答以外のことを書くのもいいが、必ず「結論」から書こう。

自己紹介をお願いします

面接の最初に聞かれることが多い質問です。なるべく会話が続くように、ただの自己紹介ではなく、面接官が質問したくなる話題を提供しましょう。例えば、学生時代に1番頑張ってきたことなどです。ただ、それらをすべて答えることは難しいので、「結果を残したこと」「評価されたこと」などをキーワード（一言）にまとめて話すといいでしょう。

面接官：自己紹介をお願いします。

あなた：日本実業 大学 商 学部の 日実花子 です。学生時代は 携帯電話のキャンペーンスタッフのアルバイト を頑張ってきました。

面接官：わかりました。それでは頑張ってきたことを通じて、結果を出したことはありますか？

あなた：目標契約台数の1.5倍を達成することができ、派遣先の店舗から直接指名をいただいたことがあります。

> 採用担当者が聞きたくなるように、人に評価されたこと、誰もしていないことを考える。

面接官：素晴らしいですね。それを成し遂げるために必要なことはありましたか？

あなた：派遣先に積極的に足を運び、事前に店舗の客層を調べて、相手の立場になって考えながら接客をすることです。

面接官：では、仕事でどのようにして活かせそうですか？

あなた：事前にお客様の情報収集を行うことで、無駄のない提案ができるという点で活かせると思います。

まとめ

日本実業大学商学部の日実花子です。学生時代は携帯電話のキャンペーンスタッフのアルバイトを頑張りまして、目標契約台数の1.5倍を達成したことがあります。そのためには派遣先に積極的に足を運び、事前に店舗の客層を調べるなどして、相手の立場になって考えながら接客をしてきました。本日はよろしくお願いいたします。

面接官: 自己紹介をお願いします。

あなた: ［　　　　　　］大学［　　　　　　］学部の［　　　　　　］です。
学生時代は［　　　　　　　　　　　　　　　　　］を頑張ってきました。

3章 面接シミュレーション編①

面接官: わかりました。それでは頑張ってきたことを通じて、結果を出したことはありますか？

あなた:

面接官: 素晴らしいですね。それを成し遂げるために必要なことはありましたか？

あなた:

面接官: では、仕事でどのようにして活かせそうですか？

あなた:

まとめ

65

自己PRをしてください

単なる自己PRではなく、面接官に「仕事で活躍してくれそう」「一緒に働く仲間としてふさわしい」と思ってもらうことを意識して、一番の強みをアピールしましょう。たまに「1分で自己PRをしてください」「3分で自己PRをしてください」などと、時間を指定されることもあるので、持ち時間ごとに原稿を用意したほうが安心でしょう。

> 学生時代＝大学生時代と考える。

面接官：自己PRを一言でしてください。

あなた：私の強みは　1秒も迷わず、すぐに行動できることです　。

面接官：では、学生時代にその強みが一番発揮されていたときはいつですか？

あなた：学園祭でミスターコンテストの企画を提案したときです。

面接官：そのとき、何をしていたのか具体的に教えてください。

あなた：コンテストの企画を思いついたらすぐに学園祭の執行委員会で提案し、フリーペーパーの連載企画で話題づくりをしました。また、フリーペーパーで部活動の紹介をすることを条件に、所属する学生にノミネートしてもらい、立候補者と同じ部の学生の注目を集めるようにしました。

面接官：そうやって自分の強みを活かしていたのですね。何か達成したことはありますか？

あなた：ミスコンテストより、約1000人も多く投票していただけました。

面接官：そのような経験を通じて学んだことはありましたか？

あなた：アイデアをすぐ行動に移したことでよりよい工夫に繋がったことから、悩まずにまずは行動することが大切だと学びました。

まとめ

私の強みは1秒も迷わずすぐに行動できることです。学園祭でミスターコンテストの企画を提案したときには、学園祭の1年前にもかかわらず、思いついてすぐに学園祭の執行委員会で提案しました。そして、半年前から私の所属するフリーペーパーサークルで連載企画を展開したり、部活動に所属している学生と交渉してノミネートさせることで話題づくりをしてきました。当日はミスコンテストより1000人も多くの人に投票していただくことができました。仕事においてもすぐに行動していきたいです。

面接官: 自己PRを一言でしてください。

あなた: 私の強みは _____ 。

面接官: では、学生時代にその強みが一番発揮されていたときはいつですか？

あなた:

面接官: そのとき、何をしていたのか具体的に教えてください。

あなた:

面接官: そうやって自分の強みを活かしていたのですね。何か達成したことはありますか？

あなた:

面接官: そのような経験を通じて学んだことはありましたか？

あなた:

3章 面接シミュレーション編①

まとめ

趣味について教えてください

　この質問は、一般的に面接官が学生をリラックスさせるためにする場合が多いです。自分の好きなことに対して、どのような考えを持って、どのようにして取り組んできたのか、物事に対してどこまで一所懸命になれるかを見られています。仕事に活かせそうなことを話せれば言うことありませんが、少なくとも話が盛り上がるように趣味を始めたきっかけや魅力などをわかりやすく答えましょう。

面接官：趣味について教えてください。

あなた：私の趣味は料理です。

面接官：では、趣味を始めたきっかけは？　どれくらい続けているのですか？

あなた：きっかけは　**1人暮らしを始めたことです**　。　**3**　年ほど続けています。

面接官：それだけ続けていれば、何か培ったものはありませんか？

あなた：趣味で培った一番大きいものは　**100種類のレパートリーです**　。

面接官：あなたの趣味について興味がない人に魅力を伝えるとしたら、どのように伝えますか？

あなた：同じ材料でも作り方によって色々な料理ができ、安い材料でもおいしい料理が作れるところが魅力的だと伝えたいです。

面接官：なるほど。その趣味で仕事にも活かせそうな点はありますか？

あなた：予算がなくてもあらゆる方法を考えてベストを尽くすという点は活かせると思います。

> 趣味をそのまま仕事で活かせなくても、考え方や行動特性を活かせる点を伝えよう。

まとめ

私の趣味は料理です。1人暮らしを始めてから3年ほど続けていまして、いまでは100種類のレパートリーがあります。同じ材料でも作り方によって色々な料理ができ、また安い材料でもおいしい料理を作れるところがとても魅力的です。仕事においても予算がないなどつらい状況があるかもしれませんが、あらゆる方法を考えてベストを尽くしたいです。

面接官:趣味について教えてください。

あなた:

面接官:では、趣味を始めたきっかけは? どれくらい続いているのですか?

あなた:きっかけは_____。_____年ほど続けています。

面接官:それだけ続けていれば、何か培ったものはありませんか?

あなた:趣味で培った一番大きいものは_____。

面接官:あなたの趣味について興味がない人に魅力を伝えるとしたら、どのように伝えますか?

あなた:

面接官:なるほど。その趣味で仕事にも活かせそうな点はありますか?

あなた:

まとめ

3章 面接シミュレーション編①

あなたの特技は何ですか？

「自己ＰＲ」や「学生時代に力を入れてきたこと」などで、アピールできなかった強みを答えましょう。役立ったことや学んだことを話すことで、仕事に役立ちそうであることを伝えるとよいです。

面接官：あなたの特技は何ですか？

> 驚かれるくらい意外性のある特技がベター。

あなた：空手が特技です。

面接官：どれくらい経験があるのですか？

あなた：約 10 年ほど経験があります。

面接官：それだけ続けていれば、何か培ったものはありませんか？

あなた：特技で培った一番大きいものは 忍耐力です 。

面接官：では、特技を披露して、何か得したことや達成したことはありましたか？

あなた：アメリカに１年間ほど留学していたときに空手の型を留学生や外国人の前で披露して、とても喜ばれたことがあります。

面接官：なるほど。では、特技で仕事に活かせそうな点はありますか？

あなた：どんなに厳しい状況でも決して最後まで諦めないという点は仕事に活かせると思います。

> 権威のある人で裏づけると説得力がある。

まとめ

私の特技は「空手」です。小学生のときから始めて１０年になり、現在、黒帯です。全国優勝したことがある師範の下で厳しい稽古をしてきたため、忍耐力が鍛えられました。アメリカに留学していたときには空手の型を披露して、外国人の方に喜ばれたこともあります。仕事でどんなに厳しい状況でも決して最後まで諦めませんのでよろしくお願いします。

面接官: あなたの特技は何ですか？

あなた:

面接官: どれくらい経験があるのですか？

あなた: 約　　　年ほど経験があります。

面接官: それだけ続けていれば、何か培ったものはありませんか？

あなた: 特技で培った一番大きいものは　　　　　　　　　。

面接官: では、特技を披露して、何か得したことや達成したことはありましたか？

あなた:

面接官: なるほど。では、特技で仕事に活かせそうな点はありますか？

あなた:

まとめ

あなたの短所は何ですか？

　自分のことを、どれくらい理解しているのかを見られます。短所があること自体はかまいません。大切なのは、それをどのように認識し、改善しようとしているかです。とはいえ、仕事をする上で決定的な短所を答えるのはやめましょう。また、単に短所を述べるのではなく、理由や原因を述べてどのように改善しようとしているのかを話します。「～し過ぎるところが短所です」のようにオブラートに包んだ言い方をすると、いいでしょう。

面接官：あなたの短所は何ですか？

あなた：はい。私の短所はせっかちなところです。

面接官：では、短所のせいで他人に迷惑をかけたり、自分が困ったことはないですか？

あなた：はい。例えば、ゼミで共同論文のテーマを決める際に、1か月経ってもテーマが決まらなかったことがあり、ゼミ生を呼び出し、1人ひとりから意見を聞き出して、テーマを決めてしまったことがあります。

面接官：そのとき、どうすればよかったでしょうか？

あなた：ほかに方法がなかったのかを考え、落ち着いて行動すればよかったと思います。

面接官：では、現在、短所を克服するためにはどうしていますか？

あなた：できるかぎり心にゆとりを持ち、まず「本当によいのかどうか」自分に問いかけてから冷静に行動しています。

面接官：見方を変えると長所にもなりそうな気がするのですが、どうでしょうか？

あなた：確かに見方を変えれば　決断力があり、効率的に動けると思います

> 短所と長所は表裏一体。見方を変えることで長所になる。長所にならないような短所は言わないほうがいい。

まとめ

私にはせっかちなところがあります。例えば、ゼミで共同論文のテーマを決めるときに1か月経ってもテーマが決まらなかったことがあったのですが、時間の無駄だと思い、ゼミ生1人ひとりを呼び出して意見をまとめ、自分1人で決めてしまったことがあります。いまはできる限り心にゆとりを持ち、まず「本当によいのかどうか」と自分に問いかけてから冷静に行動するように心がけています。

面接官 あなたの短所は何ですか？

あなた

面接官 では、短所のせいで他人に迷惑をかけたり、自分が困ったことはないですか？

あなた

面接官 そのとき、どうすればよかったでしょうか？

あなた

面接官 では、現在、短所を克服するためにはどうしていますか？

あなた

面接官 見方を変えると長所にもなりそうな気がするのですが、どうでしょうか？

あなた 確かに見方を変えれば　　　　　　　　　　。

3章　面接シミュレーション編①

まとめ

いままでで一番つらかったことは何ですか？

あなたが、どのようなことをつらいと感じる人間なのか、どのくらいの苦しみに耐えられるのかを見られます。「大切な人を亡くしたこと」などの他人に関する悲しい経験ではなくて、「誰が聞いてもつらいと思う」自分自身の経験について答えましょう。そのことから、どのようにして立ち直ったのか、何を学んだのかについて話しましょう。

面接官：いままでで一番つらかったことは何ですか？

あなた：はい。中学生のときにクラスメイトから数日間無視されたことです。

> 他人のために行動する姿勢から人柄が伝わってくる。

面接官：どうしてそのようなことになってしまったのでしょうか？

あなた：クラスでいじめられていた子を助けるためにクラスメイトを説得しようとしたのですが、なかなかうまくいかなくて、先生に報告してしまい、みんなから裏切り者のように思われてしまったからです。

面接官：なるほど。では、そのときの自分にメッセージを送るとしたらどんな言葉をかけますか？

あなた：辛抱強くクラスメイトを説得するか、クラスメイトに配慮するように先生にお願いすればよかったのでは、と言いたいです。

面接官：その経験を通じて、何か学んだことはありますか？

あなた：すぐに諦めず、相手のことを考えて行動することが大切だと学びました。

面接官：今後、学んだことを活かして、どうしようと思いますか？

あなた：あらゆるリスクを考えてから行動しようと思います。

まとめ

中学生のときにクラスメイトから数日間無視されたことです。当時、クラスでいじめられていた子を助けるために1人ひとり説得しようとしていたのですが、なかなかうまくいかず、先生に報告してしまったことが原因でした。いまでも正しいことをしたとは思いますが、すぐに諦めず、相手のことを考えて行動することが大切であると学びました。今後はあらゆるリスクを考えてから行動しようと思っています。

面接官： いままでで一番つらかったことは何ですか？

あなた：

面接官： どうしてそのようなことになってしまったのでしょうか？

あなた：

面接官： なるほど。では、そのときの自分にメッセージを送るとしたらどんな言葉をかけますか？

あなた：

面接官： その経験を通じて、何か学んだことはありますか？

あなた：

面接官： 今後、学んだことを活かして、どうしようと思いますか？

あなた：

まとめ

3章 面接シミュレーション編①

いままでで一番の失敗は何ですか？

　仕事に失敗はつきものです。しかし、何度も同じような失敗をすると誰からも信用されなくなります。それを次に活かしているか、前向きに取り組んでいるかが大切です。失敗の内容よりも、そこから何を学んだのか、どのように乗り越えたのかに重点を置きましょう。失敗のレベルがあまりに低いと、向上心がないと思われかねません。大きな失敗であればあるほど財産となります。なるべく大きな失敗を話しましょう。

面接官：いままでで一番の失敗は何ですか？

あなた：居酒屋のアルバイトでお酒の発注ミスをしてしまったことです。

> 2つ質問された場合は、順番に答える。

面接官：どうして一番の失敗だと思ったのですか？　それがわかったときにはどうしたのですか？

あなた：お店に大損害を与えてしまい、迷惑をかけてしまったからです。お店に損をさせないように給料をいただかず、毎日シフトに入ってオリジナルカクテルをつくったり、呼び込みなどをして乗り越えました。

> 失敗のまま終わらせない、前向きな姿勢を伝える。

面接官：そうですか。では、失敗しないためにどうすればよかったですか？

あなた：どんなに忙しくても、2回以上発注書をチェックするなどしっかりと確認すればよかったと思います。

面接官：その経験から何か学んだことはありますか？

あなた：仕事（お金）に対する意識を高める必要性を学びました。

面接官：今後、同じ失敗を繰り返さないために現在はどうしていますか？

あなた：仕事は常にお金が関わってくるので、もっと責任を持って取り組んでいます。

まとめ

居酒屋のアルバイトでお酒の発注ミスをしてしまったことです。そのままではいけないと思い、お店に損失をさせないために給料をいただかずに毎日シフトに入り、オリジナルカクテルをつくったり、積極的に呼び込みなどをして乗り越えました。いまではどんなに忙しくてもお金に関することについては確認を徹底しています。仕事では常にお金が関わるのでもっと責任を持って取り組むべきだと学びました。

面接官: いままでで一番の失敗は何ですか？

あなた:

面接官: どうして一番の失敗だと思ったのですか？ それがわかったときにはどうしたのですか？

あなた:

面接官: そうですか。では、失敗しないためにどうすればよかったですか？

あなた:

面接官: その経験から何か学んだことはありますか？

あなた:

面接官: 今後、同じ失敗を繰り返さないために現在はどうしていますか？

あなた:

まとめ

3章　面接シミュレーション編①

いままでで一番感動したことは何ですか？

　どのようなことに感情が動くのか、あなたの価値観を見られます。感動したことを答えるだけではなく、それがいまの自分にどのように影響しているのかを話します。学んだことや感じたこと、自分の努力で得た経験を述べましょう。

　また、仕事において感動を味わえるのか、つまりあなたと企業の価値観が合っているかどうかを意識して話すとなおよいでしょう。

面接官：いままでで一番感動したことは何ですか？

あなた：予備校で教えていた学生から志望校の合格報告を受けたことです。

面接官：どうして、そこまで感動したのでしょうか？

あなた：予備校の閉校時間が終わっても面談したり、帰り道に愚痴を聞いたりするなど、一所懸命指導していた学生が泣きながら報告してくれたことが、とてもうれしかったからです。

> 自分の努力で得た経験から仕事のスタイルが想像しやすい。

面接官：なるほど。では、何かその経験を通じて学んだことはありましたか？

あなた：はい。何事も一所懸命頑張って本気でぶつかれば、どんな人にも思いが伝わることを学びました。

面接官：では、そのときと同じ気持ちを当社での仕事でも味わうことができると思いますか？

あなた：できると思います。なぜなら御社の進学カンパニー部では高校生に進路発見のための情報を提供しており、より多くの高校生の役に立てるからです。

まとめ

予備校で教えていた学生から志望校の合格報告を受けたことです。予備校の閉校時間が終わっても面談したり、帰り道に愚痴を聞いたりするなど、本気で指導していた学生が泣きながら報告してくれたことがとてもうれしかったです。何事も一所懸命頑張って本気でぶつかれば、思いが伝わるのだと思いました。御社に入社したら、進学カンパニー部でより多くの高校生の役に立ちたいです。

面接官: いままでで一番感動したことは何ですか？

あなた:

面接官: どうして、そこまで感動したのでしょうか？

あなた:

面接官: なるほど。では、何かその経験を通じて学んだことはありましたか？

あなた:

面接官: では、そのときと同じ気持ちを当社での仕事でも味わうことができると思いますか？

あなた:

まとめ

いままでの人生に点数をつけるとしたら何点ですか？

　点数よりも、いままでの自分や人生に誇りを持てるかどうかを見られます。自分を信じていない人を面接官が信じるわけがありません。面接官が納得するような点数の根拠、つまり自分を誇れる理由を話しましょう。また、足りない点数について説明するのもいいでしょう。その際、点数を補うために、今後どうすればいいのかを話しましょう。

面接官：いままでの人生に100点満点で点数をつけるとしたら何点ですか？

あなた：はい。70点だと思います。

面接官：その点数をつけるにあたって、一番影響している出来事は何ですか？

あなた：サッカー部でレギュラーを勝ち取り、県大会で優勝できたことです。

面接官：どうして一番影響していると思うのですか？

あなた：2年間ほどレギュラーになれず諦めそうになったこともあったのですが、毎日欠かさず練習や反省ノートを記入することでレギュラーになり、優勝に貢献できたことが自信につながっているからです。

面接官：わかりました。では、どうして満点ではないのでしょうか？

あなた：できれば、もっと上の大会を目指したいですし、ほかにもインターンシップなどやりたかったことがたくさんあるからです。

面接官：では、（足りない点数を得るために）今後、どうしたらいいと思いますか？

あなた：時間は限られておりますので、優先順位をつけて取り組んでいきたいです。

まとめ

70点です。なぜなら、サッカー部でレギュラーを勝ち取り、県大会で優勝するなどしてきたからです。2年間ほどレギュラーになれず諦めそうになったこともあったのですが、毎日欠かさず練習や反省ノートを記入することで結果を出せたことがとても自信につながっています。いまでは反省ノートの数が10冊にもなります。今後はもっと上の大会を目指したいと考えています。

面接官: いままでの人生に100点満点で点数をつけるとしたら何点ですか？

あなた: はい。　　　点だと思います。

面接官: その点数をつけるにあたって、一番影響している出来事は何ですか？

あなた:

面接官: どうして一番影響していると思うのですか？

あなた:

面接官: わかりました。では、どうして満点ではないのでしょうか？

あなた:

面接官: では、（足りない点数を得るために）今後、どうしたらいいと思いますか？

あなた:

3章　面接シミュレーション編①

まとめ

最近読んだ中で、印象に残った本はありますか？

どんな本でもかまいませんが、マンガや就職活動本などを答えないほうが無難でしょう。本のタイトルや内容についてではなく、あなたがどのようなことに興味を持ったのか、何を学んだのかを話しましょう。ただし、有名なベストセラー以外の本について話す場合は、面接官がわかりやすいように内容についても触れましょう。

面接官：最近読んだ中で、印象に残った本はありますか？

あなた：はい。最近、ダリルアンカの「バシャール」が印象に残りました。

面接官：どのような本ですか？

あなた：一言で言えば、イメージしたことが現実になるという「引き寄せの法則」について書かれた本です。

面接官：どうしてその本が印象に残ったのですか？

あなた：現実というのは自分が作り出すという考えに感心したからです。

面接官：なるほど。では、その本から得た教訓や特に印象に残った言葉などはありましたか？

あなた：はい。『現実は自分の鏡』という言葉です。

面接官：では、本で得たものや学んだものを仕事に活かせそうですか？

あなた：人に対して過剰に期待したり、まわりの環境に不満を持つのではなく、自分のできることを頑張るという考えは活かせると思います。

> 仕事に直接関係する本でなくても、自分がどう活かすかで、仕事の姿勢を伝えよう。

まとめ

最近、ダリルアンカの「バシャール」を読みました。この本はイメージしたことが現実になるという「引き寄せの法則」について書かれた本です。特に印象に残ったのが『現実は自分の鏡』という言葉です。現実は自分が作り出すものなので、人に対して過剰に期待したり、まわりの環境に不満を持つのではなく、自分のできることを頑張ろうと思いました。

面接官: 最近読んだ中で、印象に残った本はありますか？

あなた:

面接官: どのような本ですか？

あなた: 一言で言えば、　　　　　　　　　　　　。

面接官: どうしてその本が印象に残ったのですか？

あなた:

面接官: なるほど。では、その本から得た教訓や特に印象に残った言葉などはありましたか？

あなた:

面接官: では、本で得たものや学んだものを仕事に活かせそうですか？

あなた:

まとめ

3章 面接シミュレーション編①

あなたを動物にたとえると何ですか？

　この質問では、遠まわしにあなたの性格や特徴を探ろうとしています。自分自身のことを、わかりやすく説明できるかどうかを求められます。自分の性格や特徴に合う動物、つまり共通点を探して、ちゃんと面接官が納得する具体的なエピソードを交えて答えましょう。その際、誰もが知っている動物にたとえましょう。ほかに「モノ（または色）にたとえると何ですか？」と聞かれることもありますが、動物の場合と同じ要領で考えましょう。

面接官	あなたを動物にたとえると何ですか？
あなた	はい。動物にたとえるとカメレオンです。
面接官	どうしてそのように思うのですか？
あなた	**状況によって自分を変えるところ** が似ているからです。
面接官	なるほど。そのような特徴を表す具体的なエピソードはありますか？
あなた	はい。例えば雑貨屋で接客のアルバイトをしているのですが、早口のお客様には簡潔に話をする、おしゃべり好きのお客様には商品をくわしく説明するなどしてきました。
面接官	わかりました。では、ほかに具体的なエピソードはありますか？
あなた	ほかには、おもちゃ屋で販売のアルバイトをしていたときに、子どもの気持ちになったつもりで接客していました。例えば、子どもと同じ目線の高さになるまで屈んで、話しかけていました。
面接官	では、そんなあなたといると（あなたを採用すると）、どんなメリットがありますか？
あなた	どんな状況でも臨機応変に対応できます。

まとめ

私を動物にたとえるなら「カメレオン」です。なぜなら状況によって自分を変えることができるからです。例えば、雑貨屋のアルバイトで接客をしているのですが、早口のお客様には簡潔に話をする、おしゃべり好きのお客様には商品をくわしく説明するなどしてきました。このようにどんな状況でも臨機応変に対応できます。

面接官｜あなたを動物にたとえると何ですか？

あなた｜

面接官｜どうしてそのように思うのですか？

あなた｜　　　　　　　　　　　　　　　　　　　　　　　が似ているからです。

面接官｜なるほど。そのような特徴を表す具体的なエピソードはありますか？

あなた｜

面接官｜わかりました。では、ほかに具体的なエピソードはありますか？

あなた｜

面接官｜では、そんなあなたといると（あなたを採用すると）、どんなメリットがありますか？

あなた｜

まとめ

3章　面接シミュレーション編①

あなたは友人が何人いますか？

　友人の数自体は、重要ではありません。どのようにして友人を作ってきたのか、どのように人間関係を構築してきたのかを答えましょう。そのため、ほとんど話したことのない友人のことを話しても意味がありません。また、友人から学んだことや、社会人の友人について話すのもいいでしょう。

面接官：あなたは友人が何人いますか？

あなた：はい。 10 人くらいです。

面接官：では、その中で親友について教えてください。

あなた： 大学 で知り合った友人です。一緒に ドイツ語の授業を受けたり、ゼミの運営などをしてきました 。

> 友人との時間を通じて、自分の行動をアピールしてもよい。

面接官：その人のことをどう思っていますか？　また、その人にどう思われていますか？

あなた：私はその人を 人当たりがよくて誰からも嫌われない と思いますし、私は 真面目 と思われているかもしれません。

面接官：では、その人と付き合うことで何か学んだことはありましたか？

あなた：あまり損得を考えず、人と会うことが大切であると学びました。

面接官：なるほど。では、友人になる秘訣は何かありますか？

あなた：自分から声をかけることです。その際に共通の話題を話すといいと思います。

まとめ

10人くらいです。たいてい自分から声をかけて友人になることが多いのですが、その中でも一番仲がいいのが大学で知り合った友人です。一緒にドイツ語の授業を受けたり、ゼミの運営を頑張りました。彼のいいところは人当たりがよく、誰からも嫌われないところだと思っています。彼を見習って、損得を考えず、たくさんの人に会いたいです。

面接官: あなたは友人が何人いますか？

あなた: はい。　　　人くらいです。

面接官: では、その中で親友について教えてください。

あなた: 　　　　　　　　　　　　　で知り合った友人です。
一緒に　　　　　　　　　　　　　。

面接官: その人のことをどう思っていますか？　また、その人にどう思われていますか？

あなた: 私はその人を　　　　　　　　　　　と思いますし、
私は　　　　　　　　　　　と思われているかもしれません。

面接官: では、その人と付き合うことで何か学んだことはありましたか？

あなた:

面接官: なるほど。では、友人になる秘訣は何かありますか？

あなた:

まとめ

3章　面接シミュレーション編①

あなたは、まわりの人からどう見られていると思いますか？

　この質問は、客観的に自分を見ることができるかどうかを見られます。事前に友人や家族に自分について聞いておくと、答えやすいでしょう。「人からよく言われること」「ほめられたこと」を覚えておくのもいいでしょう。指摘される相手が、大学の友人よりも社会人やゼミの教授などのほうが、より説得力があります。ただ、自分にとってマイナスになる答えは避けましょう。

面接官：あなたは、まわりの人からどう見られていると思いますか？

あなた：はい。私はよく　アグレッシッブ、ストイック、ハングリー　と言われます。

面接官：どうして、そのように言われるのですか？

あなた：常に自分に満足せず、上を目指しているからだと思います。

面接官：なるほど。では、そのように見られている自分をどう思われますか？

あなた：ほめ言葉のようにも考えられるので、そのままの自分でありたいと思います。

面接官：わかりました。そのような特徴を表す具体的なエピソードはありますか？

あなた：はい。例えば授業料を無駄にしないためにすべての授業を休まず出席し、一限の授業があるときには、誰よりも早く30分前から教室にいました。そして、すべての試験において最低でも「A」という気持ちでのぞみ、成績の9割は「A」を取得することができました。

面接官：では、もし、あなたとまるっきり同じ人に出会ったとしたら、友達になりたいですか？

あなた：なりたいです。なぜなら、何事にも妥協しない姿から刺激を受けられるからです。

> 前向きに答えよう。

まとめ

私はアグレッシブ、ストイック、ハングリーな人だと思われています。なぜなら、常に自分に満足せず、上を目指しているからだと思います。例えば、授業料を無駄にしないためにすべての授業に出席し、一限の授業のときは誰よりも早く教室にいました。そして、すべての試験において最低でも「A」という気持ちでのぞみ、成績の9割は「A」を取得することができました。

面接官＜ あなたは、まわりの人からどう見られていると思いますか？

あなた＜ はい。私はよく ［　　　　　　　　　　　　］ と言われます。

面接官＜ どうして、そのように言われるのですか？

あなた＜

面接官＜ なるほど。では、そのように見られている自分をどう思われますか？

あなた＜

面接官＜ わかりました。そのような特徴を表す具体的なエピソードはありますか？

あなた＜

面接官＜ では、もし、あなたとまるっきり同じ人に出会ったとしたら、友達になりたいですか？

あなた＜

3章　面接シミュレーション編①

まとめ

集団の中での役割を教えてください

　仕事は、集団で行うことが多いものです。集団行動ができるかどうか、あなたがどのような形で貢献できる人なのかを見られます。面接官がイメージしやすいように、なるべく仕事に結びつきやすい例で答えましょう。

> 「サークルでは会計担当をしています」のように役職で答えてもよい。

面接官：集団の中での役割を教えてください。

あなた：はい。私は積極的にまわりの人に声をかける役割をしています。

面接官：では、その役割を担って、学生時代に一番貢献したことは何ですか？

あなた：心理学の授業でのグループワークで、メンバーの意見を最大限に引き出せたことです。

面接官：なるほど。どのようにして貢献したのか具体的に教えてください。

あなた：何かを話し合う際には意見がたくさん出たほうがいいと思い、あまり発言しないメンバーに「○○さんはどう思う？」と声をかけることで意見を促しました。

面接官：なるほど。貢献するために秘訣や心がけていることはありますか？

あなた：よく相手の話を聞き、観察することです。

面接官：では、それは仕事でどのように活かせそうですか？

あなた：積極的にお客様や社内スタッフに声をかけて意見を引き出すことで、最適な提案ができます。

まとめ

私は積極的にまわりの人に声をかける役割をしています。心理学の授業のグループワークでは、メンバーの意見を最大限に引き出していました。何か話し合う際には意見がたくさん出たほうがいいと思い、あまり発言しないメンバーに「○○さんはどう思う？」と声をかけることで意見を促しました。声をかけるためによく相手の話を聞き、観察することを心がけています。

面接官: 集団の中での役割を教えてください。

あなた:

面接官: では、その役割を担って、学生時代に一番貢献したことは何ですか？

あなた:

面接官: なるほど。どのようにして貢献したのか具体的に教えてください。

あなた:

面接官: なるほど。貢献するために秘訣や心がけていることはありましたか？

あなた:

面接官: では、それは仕事でどのように活かせそうですか？

あなた:

まとめ

3章 面接シミュレーション編①

サークルに所属していますか？

集団（組織）の中でチームワークをとれるのか、どのように貢献できるのかを見られます。面接官にわかるように、サークルの活動内容を簡潔に説明し、あなたがどのような目的でどのように取り組んでいたのかを話しましょう。

面接官：サークルに所属していますか？　もし、所属していれば、どうして入ったのですか？

あなた：　テニス　サークルに所属しています。　テニスがうまくなるために入りました　。

面接官：では、ほかのサークルより誇れるところはありますか？

あなた：誇れるところは、上下関係がなく、先輩後輩の仲がいいところです。私自身は、面倒見のよさ　ではサークル内ナンバー1という自信があります。

面接官：頼もしいですね。なぜ、それほど自信があるのですか？

あなた：私は大学に入ってからテニスを始めたので、最初はとても下手でした。ですから、初心者の後輩は他人事とは思えず、「何が悪かったのかを書く」反省ノートを毎週やり取りして面倒を見ていたからです。

面接官：困難だったことはありますか？　もしあれば、どのように乗り越えたのですか？

あなた：まわりの人が経験者ばかりで、遅れをとってしまったことです。そのため、サークル以外にテニススクールへ週2回通って練習しました。結果として大学3年生のときに初めてサークルの大会で優勝することができました。

面接官：そのような経験を通じて、学んだことや教訓はありますか？

あなた：新しいことに挑戦するのは難しいことですが、地道に努力していれば結果が出ることを学びました。

まとめ

テニスサークルに所属しています。上下関係がなくて先輩後輩の仲がいいサークルで、よく私は後輩と毎週反省ノートをやり取りしていました。大学に入ってからテニスを始めたので最初はとても下手で、同じような後輩がいたときに役立ちたいと思って反省ノートを始めました。サークルだけでなく、テニススクールにも通って練習し、大学3年生のときにはサークル内で一番になることができました。地道に努力していれば結果が出ることを学び、自信につながりました。

面接官： サークルに所属していますか？　もし、所属していれば、どうして入ったのですか？

あなた： ［　　　］サークルに所属しています。［　　　　　　　　　　　　　　　　　］。

面接官： では、ほかのサークルより誇れるところはありますか？

あなた： 誇れるところは、［　　　　　　　　　　　　　　　　　　　　　　　　］。私自身は、［　　　　　　　　　　　　　　　　　］ではサークル内ナンバー1という自信があります。

面接官： 頼もしいですね。なぜ、それほど自信があるのですか？

あなた：

面接官： 困難だったことはありますか？　もしあれば、どのように乗り越えたのですか？

あなた：

面接官： そのような経験を通じて、学んだことや教訓はありますか？

あなた：

まとめ

どのようなアルバイトをしていますか？

面接官はアルバイト内容よりも、あなたが「どのように取り組んだのか」「何を学んだのか」を見られます。アルバイトとはいえ、立派な社会経験です。アルバイト中に心がけていたことや、自分なりに工夫したことなど、仕事に対する姿勢についてアピールしましょう。

面接官：どのようなアルバイトをしていますか？

あなた：「2」年間、「雑貨店で接客」のアルバイトをしています。

面接官：では、ほかのアルバイトより誇れるところはありますか？

あなた：誇れるところは、「年代の違うアルバイト同士が仲よく仕事をしているところです」。私自身は、「小さなことに気がつくこと」ではアルバイト仲間で一番かもしれません。

面接官：頼もしいですね。なぜ、それほど自信があるのですか？

あなた：ギフト包装に使う手作りのシールを、常に在庫を切らさないように気をつけていたからです。ギフト包装が多くなると予想される日の前日には、あらかじめたくさんのシールを作っておきました。

面接官：困難だったことはありますか？ もしあれば、どのように乗り越えたのですか？

あなた：商品の点数が多いので、お客様に聞かれたときにすぐにご案内できなかったことです。そのため、時間があるときに店内を何度も歩いて体で覚えました。結果として、お客様を待たせることがなくなりました。

面接官：そのような経験を通じて、学んだことや教訓はありますか？

あなた：常によくまわりを観察して、行動することが大切だと学びました。

まとめ

私は2年間、雑貨店で接客のアルバイトをしていました。どんな小さなことでも見逃さないように仕事をしてきました。例えば、ギフト包装に使う手作りのシールを、常に在庫を切らさないように気をつけていました。さらに、ギフト包装が多くなると予想される日の前日には、あらかじめたくさん作っておきました。仕事でも、常にまわりをよく観察して行動したいです。

面接官: どのようなアルバイトをしていますか？

あなた: ［　　　］年間、［　　　　　　　　　　　　　　　］のアルバイトをしています。

面接官: では、ほかのアルバイトより誇れるところはありますか？

あなた: 誇れるところは、［　　　　　　　　　　　　　　　］。私自身は、［　　　　　　　　　　　　　　　］ではアルバイト仲間で一番かもしれません。

面接官: 頼もしいですね。なぜ、それほど自信があるのですか？

あなた:

面接官: 困難だったことはありますか？ もしあれば、どのように乗り越えたのですか？

あなた:

面接官: そのような経験を通じて、学んだことや教訓はありますか？

あなた:

まとめ

ゼミに入っていますか？

まずゼミについて説明します。何を研究しているかよりもどのように研究しているのかに重点を置いて答えましょう。そこから集団における行動特性、つまり仕事に取り組む姿勢を見られます。所属していない人はゼミ以外で主体的に勉強したことを話しましょう。

面接官：ゼミに入っていますか？

あなた：イギリス文学　に関するゼミに所属し、オスカー・ワイルドの作品　について研究しております。

面接官：どうしてそのゼミに入ったのですか？　ほかのゼミと比べて、ここが違うというところはありますか？

あなた：オスカー・ワイルドのすべての作品に共通する『無償の愛』というテーマにとても惹かれ、もっと彼の作品や生き方を知りたいと思ったからです。ほかのゼミとの違いは、1人の作家について約20名のメンバーが色々な角度から見るところです。

面接官：では、ゼミを通じて困難だったことはありますか？

あなた：中間発表で、自分の意見とほかのメンバーの意見を調整することです。

面接官：それをどのように乗り越えたのですか？　どうなったのですか？

あなた：メンバーの意見を否定するのではなく、肯定しながらも自分の意見を述べました。そうすることで、ゼミの議論が活発になりました。

面接官：そのような経験を通じて、学んだことや教訓はありますか？

あなた：お互いを認め合うことで、よりよい議論ができることです。

まとめ

私はイギリス文学のゼミに所属しており、オスカー・ワイルドの作品について研究しております。どの作品にも共通する『無償の愛』というテーマにとても惹かれて入りました。ゼミでは1人の作家について約20名のメンバーが色々な角度から見ています。たまにメンバー同士で議論が白熱してしまうこともありますが、相手の意見を肯定しながらも自分の意見を述べることで、よりよい議論をしてきました。

面接官< ゼミに入っていますか？

あなた< _____に関するゼミに所属し、_____について研究しております。

面接官< どうしてそのゼミに入ったのですか？　ほかのゼミと比べて、ここが違うというところはありますか？

あなた< _____。ほかのゼミとの違いは、_____。

面接官< では、ゼミを通じて困難だったことはありますか？

あなた< _____

面接官< それをどのように乗り越えたのですか？　どうなったのですか？

あなた< _____

面接官< そのような経験を通じて、学んだことや教訓はありますか？

あなた< _____

まとめ

3章　面接シミュレーション編①

卒論のテーマは何ですか？

面接官は、あなたの卒論への取り組み方から、仕事への姿勢を見ています。そのため、卒論のテーマは志望企業の仕事に関係なくても大丈夫です。研究理由や仮説などを説明し、現在、自分が卒論に向けてどのような行動をとっているのかを話しましょう。あきらかに一般の人がわからないテーマについては、誰にでもわかるように説明しましょう。

面接官：卒論のテーマは何ですか？

あなた：ＣＳＲのコーズ・リレーテッド・マーケティングについてです。これは製品の売上によって得た利益の一部を寄付する活動を通して、売上の増加を目指す手法になります。

> 専門的な話はわかりやすいように補足したほうがよい。

面接官：どうしてそのテーマを選んだのですか？ きっかけを教えてください。

あなた：ボルヴィックの「１Ｌ for 10Ｌ」キャンペーンで、売上が３割伸びたというニュースを知って、おもしろい付加価値の付け方だと思ったからです。

面接官：なるほど。研究に取り組む前に仮説を立てていますか？

あなた：はい。日本の市場でも浸透するのではないかと仮説を立てています。

面接官：現在、研究するためにどのような行動をとられていますか？

あなた：この手法の先進国であるアメリカの企業の資料を、ネットでダウンロードして読んだり、日本の事例を集めて比較しています。

面接官：では、今後、研究内容は社会でどのように活かせますか？

あなた：日本の企業も、アメリカのようにコーズ・リレーテッド・マーケティングをもっと利用することができれば、イメージアップや売上アップにつながると思います。

まとめ

コーズ・リレーテッド・マーケティングについてです。これは製品の売上によって得た利益の一部を寄付する活動を通して、売上の増加を目指す手法になります。このテーマについて研究しようと思ったのは、ボルヴィックの「1L for 10L」キャンペーンで売上が３割伸びたというニュースを知ったことがきっかけです。現在、日本でも浸透するという仮説を立て、先進国であるアメリカの事例と日本の事例を比較しています。

面接官: 卒論のテーマは何ですか？

あなた:

面接官: どうしてそのテーマを選んだのですか？　きっかけを教えてください。

あなた:

面接官: なるほど。研究に取り組む前に仮説を立てていますか？

あなた:

面接官: 現在、研究するためにどのような行動をとられていますか？

あなた:

面接官: では、今後、研究内容は社会でどのように活かせますか？

あなた:

まとめ

学生時代に最も打ち込んだことは何ですか？

　部活動・サークル・アルバイト・勉強など何でもかまわないので、どれだけ一所懸命取り組んだのかをアピールしましょう。そのために、「どんな行動をとったのか」「どんな結果を残したのか」「そこから何を学んだのか」を話す必要があります。仕事でも、同じように頑張ってくれそうだと思わせるように意識して答えましょう。

面接官：学生時代に最も打ち込んだことは何ですか？

あなた：はい。私は演劇活動に打ち込みました。

面接官：具体的には何をしていたのですか？

あなた：地元の成田空港建設問題についての舞台を公演しました。
アンケートで名指しの感想をいただいたことは本当にうれしかったです。

面接官：では、一番困難だったことは何ですか？　また、それはどのように乗り越えたのですか？

あなた：短い練習時間の効率的な使い方が一番難しかったのですが、ストップウォッチで計測することで、みんながテキパキ行動するようになりました。

面接官：そのような経験を通じて、学んだことや教訓はありますか？

あなた：目的と時間をみんなで共有し管理することで、お互いが協力し合えると気づきました。

面接官：なるほど。では、頑張ってきたことは仕事でどのように活かせそうですか？

あなた：チームで仕事をするときには、お互いの状況やスケジュールをよく確認することで、協力し合える関係を築きたいです。

まとめ

演劇活動です。地元の成田空港建設問題についての舞台を公演した際に、アンケートで名指しの感想をいただいたときは本当にうれしかったです。公演を成功させるために短い練習時間をいかに効率的に使うかが難しかったのですが、ストップウォッチを使って計測することで、みんながテキパキ行動するようになりました。演劇を通じて、目的と時間をみんなで共有し管理することで、お互いが協力し合えると気づくことができました。

面接官: 学生時代に最も打ち込んだことは何ですか？

あなた:

面接官: 具体的には何をしていたのですか？

あなた: ＿＿＿＿＿＿＿＿＿＿＿＿＿＿＿＿＿＿＿。
　　　　　＿＿＿＿＿＿＿＿＿＿＿＿＿＿＿＿＿＿＿は本当にうれしかったです。

面接官: では、一番困難だったことは何ですか？　また、それはどのように乗り越えたのですか？

あなた:

面接官: そのような経験を通じて、学んだことや教訓はありますか？

あなた:

面接官: なるほど。では、頑張ってきたことは仕事でどのように活かせそうですか？

あなた:

まとめ

4章 面接シミュレーション編②

3章に引き続き面接で必ず聞かれる質問のシミュレーションです。本章は、志望動機、企業研究、職業観などについての質問です。ワークシートに書き込んで事前に考えておくだけで、本番で驚くほど余裕が生まれます。時間をかけてシミュレーションしましょう。

志望動機を教えてください

　志望動機はお世辞ではなく、入社して何をしたいのかを答えます。その企業の強みなどを話しながら、その会社でなければならない理由を面接官に説明しましょう。企業はあなたのためにあるわけではないので、「自分が成長したいから」などのような自己中心的な理由ではいけません。「お客様」「企業」「社会」の3点を意識して、それらに貢献するような理由を話しましょう。

面接官：志望動機を教えてください。

あなた：より多くの人が仕事を楽しめるようにしたいため、志望いたしました。　　*一言でまとめよう。*

面接官：では、具体的には当社で何をしたいのですか？

あなた：学校、企業、教育機関などへ、「キャリア教育」のカリキュラムを企画・提案したいです。

面接官：なぜ、その仕事をしたいのですか？　きっかけなど実体験を交えて説明してください。

あなた：学生時代、NPO団体で高校生を対象に「夢や将来」について考えるセミナーを行っていたのですが、参加していた学生が自分の将来について楽しそうに話す姿を見て、やりがいを感じたからです。

面接官：では、それを当社で本当に実現できると思いますか？

あなた：実現できると思います。なぜなら、御社は業界初の研修サービスを行っていて豊富なノウハウがあり、経験を積める機会もたくさんあるからです。

面接官：わかりました。やりたいことを行うにあたり、あなたのどのようなところが活かせますか？

あなた：学生時代、NPO団体では若い人と接し、介護ボランティアではお年寄りの方と接するなど、どんな年代の人とも人見知りせず、誰とでも仲よくなれるところが活かせると思います。

まとめ

私はより多くの人が仕事を楽しめるようにしたいと思い、志望いたしました。具体的には学校、企業、教育機関などへ「キャリア教育」のカリキュラムの企画・提案をしたいです。学生時代はNPO団体で、年間300人以上の高校生を対象に「夢や将来」について考えるセミナーを行っていたのですが、人を教えることにとてもやりがいを感じました。御社は業界初の研修サービスなどを行うなど豊富なノウハウがあり、経験を積める機会がたくさんあるところに魅力を感じています。

面接官: 志望動機を教えてください。

あなた:

面接官: では、具体的には当社で何をしたいのですか？

あなた:

面接官: なぜ、その仕事をしたいのですか？ きっかけなど実体験を交えて説明してください。

あなた:

面接官: では、それを当社で本当に実現できると思いますか？

あなた:

面接官: わかりました。やりたいことを行うにあたり、あなたのどのようなところが活かせますか？

あなた:

4章 面接シミュレーション編②

まとめ

当社の長所は何だと思いますか？

　企業の長所をたくさん挙げるためには、ちゃんと調べていないとできません。企業についてどれだけ調べているか、志望度を見られます。お世辞にならないように、客観的なデータや実際に自分で見たことをもとに答えてください。できれば、ほかの企業にはない強みについて話しましょう。また、それを活かして、自分はどのように仕事していきたいのかを語るとやる気が伝わります。

面接官：当社の長所は何だと思いますか？　できれば、ほかの企業にはないものを言ってください。

あなた：その土地ごとに合わせてショッピングモールを展開しているところです。

面接官：どうしてそのように思いますか？

あなた：根拠がございまして、実際に4つのショッピングモールをまわりました。地元の方が講師をするセミナー会場があるところや、月に一度地元の方にヒアリングするところを見てそのように思いました。

> 実際に足を運ぶのはプラス評価。

面接官：長所によって、当社が得すること（当社のメリット）はありますか？

あなた：たくさんのお客様に、気軽に安心して訪問してもらえることだと思います。

面接官：なるほど。では、今後、あなたは当社の長所を活かしてどのような仕事をしたいですか？

あなた：地元の人にどうしたら楽しく過ごしてもらえるかをヒアリングして、新しいイベントやキャンペーンを展開したいです。例えばショッピングモールに出店しているお店のシェフが教える料理教室を考えています。

> 具体的なアイデアを聞かれるかもしれないので考えておこう。

面接官：では、ほかに当社の長所はありませんか？

あなた：テナント向けにサービス向上のためのセミナーを開催しているところなど、対応がしっかりしているところだと思います。

まとめ

その土地ごとのショッピングモールを展開しているところです。実際に4つのショッピングモールをまわり、地元の方が講師をするセミナー会場があるところや、月に一度地元の方にヒアリングをするところを見て、そのように思います。私もどうしたら楽しく過ごしてもらえるかヒアリングして、新しいイベントやキャンペーンを展開したいです。例えばショッピングモールに出店しているお店のシェフが教える料理教室を考えています。

面接官: 当社の長所は何だと思いますか？ できれば、ほかの企業にはないものを言ってください。

あなた:

面接官: どうしてそのように思いますか？

あなた: 根拠がございまして、　　。

面接官: 長所によって、当社が得すること（当社のメリット）はありますか？

あなた:

面接官: なるほど。では、今後、あなたは当社の長所を活かしてどのような仕事をしたいですか？

あなた:

面接官: では、ほかに当社の長所はありませんか？

あなた:

まとめ

当社の欠点は何だと思いますか？

　この質問では、「企業研究をどのくらいしているかどうか」を見られます。大切なのは、答えるときに必ず「根拠」を述べることです。それも、なるべく客観的なデータが望ましいでしょう。根拠がなければ、ただの批判になってしまい、面接官の印象はよくありません。そうならないように、情報収集は入念にしておきましょう。企業研究の際には、企業のよいところだけではなく、悪いところまで調べておくことが大切なのです。また、批評にならないように、自分なりの意見（改善策）も話しましょう。

面接官：当社の欠点は何だと思いますか？

あなた：売上が媒体によって偏っているところです。

面接官：どうしてそのように思ったのですか？

あなた：根拠がございまして、書籍で調べたところ、広告代理店の媒体別売上ランキングの新聞部門でトップ10に入っているのに、テレビ部門では30位圏内にとどまっているからです。

面接官：なるほど。では、弊社は今後どうすればいいと思われますか？

あなた：そうですね。一言でいうと、インターネット広告を強化すべきだと思います。

面接官：それをすることで、本当に解決すると思いますか？　具体的に教えてください。

あなた：テレビは大手代理店に独占されていることもあり、ほかの媒体を強化するしかないと思います。インターネットの広告費は年々増加しており、広告主さえ見つければ、売上アップにつながります。特にモバイル広告はこれからだと思います。そのために私も入社して頑張ります。

面接官：では、そのほかに欠点はありませんか？

あなた：研修制度が整っていないところだと思います。

> ほかにも聞かれることがあるので徹底的に調べておこう。

まとめ

売上が媒体によって偏っているところです。なぜなら、書籍で広告代理店の媒体費別売上ランキングを調べたところ、新聞はトップ10に入っているにもかかわらず、テレビは30位圏内にとどまっていました。ただ、テレビは大手代理店に独占されているので、広告費が年々増加しているインターネット広告を強化して売上アップをはかってみてはどうかと考えます。特に、モバイル広告はこれからだと思います。私が入社しましたら、新規のクライアントを探して御社に貢献したいです。

面接官 < 当社の欠点は何だと思いますか？

あなた <

面接官 < どうしてそのように思ったのですか？

あなた < 根拠がございまして、〔　　　　　　〕
〔　　　　　　　　　　　　　　　　　　〕。

面接官 < なるほど。では、弊社は今後どうすればいいと思われますか？

あなた < そうですね。一言でいうと、〔　　　　　　　　　　〕。

面接官 < それをすることで、本当に解決すると思いますか？ 具体的に教えてください。

あなた <

面接官 < では、そのほかに欠点はありませんか？

あなた <

まとめ

当社のサービス（製品）についてどう思いますか？

　この質問では、「志望企業の商品や事業内容についてちゃんと研究しているかどうか」を見られます。「○○が好きです」などのような感想ではなく、サービス（製品）の特徴、コンセプト、魅力について分析したことを答えましょう。ほかの製品との比較、改善案、実際の使用感について述べるのもいいでしょう。

面接官：当社のサービス（製品）についてどう思いますか？

あなた：私は御社の　カード事業　に興味があります。

面接官：どうして興味があるのですか？

あなた：購買履歴から、1人ひとりのお客さまに対して新しい提案ができるからです。

面接官：では、今後サービス（製品）をよりよくするためにどうすればいいと思いますか？

あなた：店舗だけではなく、メーカーと契約して商品によってポイントが倍になるキャンペーンができたらいいのではないかと思います。

> 現状の製品（サービス）に満足するのではなく、よりよくする提案をしよう。

面接官：なるほど。反対に改善すべきサービス（製品）はありますか？

あなた：はい。オンラインレンタルサイトのレビュー表示です。

面接官：今後、どのように改善していけばいいですか？

あなた：ネット上でレンタル予約する場合、レビューを見て判断するお客さまが多いと思います。しかし、現在のレビュー表示は、書き込んだ順に表示されるので見づらいです。低い評価と高い評価を2つに分けて表示したほうが、お客様が判断しやすくなるのではないでしょうか。

まとめ

カード事業に興味があります。購買履歴から、1人ひとりのお客さまに対して喜ばれる提案ができるところにとても魅力を感じています。今後は、店舗だけでなく、メーカーと契約して商品によってポイントが倍になるキャンペーンができたら、売上がよりアップするのではないでしょうか。

面接官＜ 当社のサービス（製品）についてどう思いますか？

あなた＜ 私は御社の _____ に興味があります。

面接官＜ どうして興味があるのですか？

あなた＜

面接官＜ では、今後サービス（製品）をよりよくするためにどうすればいいと思いますか？

あなた＜

面接官＜ なるほど。反対に改善すべきサービス（製品）はありますか？

あなた＜

面接官＜ 今後、どのように改善していけばいいですか？

あなた＜

4章　面接シミュレーション編②

まとめ

当社を知ったきっかけは何ですか？

　この質問では、素直に「どのようにして志望企業を知ったのか」をたずねられています。さらにこのあとに、「どのように情報を収集してきたのか」と聞かれ、情報収集力や意欲を見られます。志望企業について、どのように調べているのかを話しましょう。

面接官：当社を知ったきっかけは何ですか？

あなた：きっかけは、会社説明会に参加したことです。

面接官：その後、何か当社について調べましたか？

あなた：はい。実際に2名のOBと3名のOGにお会いしまして、仕事内容や社内の雰囲気などをうかがいました。

> OB・OG訪問をたくさん行っていると意欲が伝わる。

面接官：そのように調べていく中で、当社のどういうところに興味を持ちましたか？

あなた：社内の雰囲気のよさ　に興味を持ちました。

面接官：なぜ興味を持ったのでしょうか？　具体的に教えてください。

あなた：どのような仕事をするのかも大切ですが、長く働き続けたいので、誰と働くかを重視しているからです。

面接官：では、当社に魅力を感じた点はありましたか？

あなた：出産育児などのサポート体制が整っていることです。

まとめ

きっかけは会社説明会に参加したことです。社員の方が仕事で大変だったことについて話しているにもかかわらず、いきいきとしている姿を見て、とても興味を持ちました。そのあと、実際に2名のOBと3名のOGの方にお会いして、仕事内容や社内の雰囲気などをうかがいました。特に社内の雰囲気のよさに惹かれました。どのような仕事をするのかも大切ですが、長く働き続けるためにも誰と働くかを重視しており、魅力を感じております。

面接官: 当社を知ったきっかけは何ですか？

あなた:

面接官: その後、何か当社について調べましたか？

あなた:

面接官: そのように調べていく中で、当社のどういうところに興味を持ちましたか？

あなた: 　　　　　　　　　　　　　　　　　　　　　　に興味を持ちました。

面接官: なぜ興味を持ったのでしょうか？　具体的に教えてください。

あなた:

面接官: では、当社に魅力を感じた点はありましたか？

あなた:

まとめ

4章　面接シミュレーション編②

他社はどの程度進んでいますか？

　他社の選考が進んでいるのであれば、簡潔かつ正直に答えましょう。まったく異なる業界の企業よりも、一貫性を感じさせる企業を答えたほうが無難です。他社の選考に落ちた話など、自分の不利になるようなことはわざわざ話さないほうがいいでしょう。場合によっては、「どうしてそれらの企業を受けているのか？」と聞かれることもあります。その際には、企業選びの基準や自分のこだわりを話しましょう。

面接官：他社はどの程度進んでいますか？

あなた：同じ業界ですと　A社　を受けておりまして、　内定をいただいております　。

> 内定状況や選考の進行状況を正直に答えよう。

面接官：どうして、その企業を受けているのですか？

あなた：ショッピングカードが主軸となっており、お客さまの日常生活に関わる新しいサービスを提供できるチャンスが多いと思ったからです。

面接官：なるほど。では、ほかの業界で選考が進んでいる企業はありますか？

あなた：はい。　B社　を受けておりまして、　2次選考まで進んでいます　。

面接官：それらの企業と、当社の共通点はありますか？

あなた：お客さまと企業をつなぐサービスを提供しており、one to one マーケティングができるところが共通点です。

面接官：ほかの企業と当社を比べ、当社が優れている点（違い）は何だと思いますか？

あなた：自社ブランドを保有しているところです。他社に影響されずに、日本のお客さまの生活に合ったサービスを追求できるところだと思います。

> 自分から他社を受けている理由を話す必要はないが、聞かれたときは「御社が一番」であると強調しよう。

まとめ

A社から内定をいただいており、現在、B社は2次選考まで進んでおります。（お客さまと企業をつなぐサービスを提供しているところに魅力を感じております。御社はそれらの企業にない自社ブランドも持っていることで、他社に影響されることなく日本のお客さまに合ったサービスを追求できる点に魅力を感じています）

面接官: 他社はどの程度進んでいますか？

あなた: 同じ業界ですと _____ を受けておりまして、_____ 。

面接官: どうして、その企業を受けているのですか？

あなた:

面接官: なるほど。では、ほかの業界で選考が進んでいる企業はありますか？

あなた: はい。_____ を受けておりまして、_____ 。

面接官: それらの企業と、当社の共通点はありますか？

あなた:

面接官: ほかの企業と当社を比べ、当社が優れている点（違い）は何だと思いますか？

あなた:

まとめ

4章 面接シミュレーション編②

企業選びの基準はありますか？

　この質問では、仕事内容と関係のない「休暇」「給料」「福利厚生」などについて答えるのはやめましょう。自分の体験をもとに、仕事において大切にしたいことや求めていることを話します。その基準を大切にしている理由を具体的に語ることで、より熱意が伝わるでしょう。

面接官：ほかにも受けている会社はありますか？

あなた：はい。M生命保険　S生命保険　D損害保険　などを受けています。

面接官：それらの企業の共通点でもかまいませんが、何か企業選びの基準はありますか？

あなた：基準は、人の笑顔につながるかどうかです。

面接官：なるほど。どうしてそのような基準を大切にしているのですか？きっかけを実体験にもとづいて具体的に教えてください。

あなた：自分がピッキングの被害にあったときに、笑顔の大切さが身にしみたからです。どんなにつらいことや悲しいことがあっても、笑顔でいれば自分もまわりも元気になると感じました。

面接官：では、その基準に当社は当てはまっていますか？

あなた：もちろん、一番当てはまっていると思います。なぜなら、御社は生命保険業界でナンバー1な上にもっともつらいときに、保険を通してお客さまのことを笑顔にすることができるからです。

> ただ基準を答えるだけでなく、志望企業が一番当てはまることを強調しよう。

まとめ

私の基準は、人の笑顔につながるかどうかです。なぜなら、自分の部屋がピッキングの被害にあったときに、笑顔の大切さが身にしみたからです。どんなにつらいことや悲しいことがあっても、笑顔でいれば自分もまわりも元気になると感じました。御社は生命保険業界でナンバー1な上に、お客さまが一番つらいときに保険を通じて、笑顔にできるところに魅力を感じています。

面接官: ほかにも受けている会社はありますか？

あなた: はい。[　　　　　　　　　] [　　　　　　　　　]
[　　　　　　　　　　　　　　　　　　] などを受けています。

面接官: それらの企業の共通点でもかまいませんが、何か企業選びの基準はありますか？

あなた:

面接官: なるほど。どうしてそのような基準を大切にしているのですか？
きっかけを実体験にもとづいて具体的に教えてください。

あなた:

面接官: では、その基準に当社は当てはまっていますか？

あなた: もちろん、一番当てはまっていると思います。なぜなら、[　　　　　　　　　]
[　　　　　　　　　　　　　　　　　　　　　　　　　　　　　]。

まとめ

学生と社会人の一番の違いは何ですか？

　これから社会人としてやっていくだけの意識があるかどうかを見られます。一般論を話しても意味がないので、あなたの特徴と社会人の特徴を考えて自分なりの見解を述べましょう。その際に、両親や先輩や知人など、具体的な社会人像をイメージしておくと答えやすいでしょう。

面接官：あなたが考える社会人とは、どのような人ですか？　それに当てはまる人は誰ですか？

あなた：仕事を通じて社会に貢献している人です
具体的にそれに当てはまるのは、 日実太郎さん、 だと思います

> 両親や先輩や知人など、具体的な社会人を答えよう。

面接官：では、学生と社会人（あなたとその人）の一番の違いは何だと思いますか？

あなた：限られた時間内で、成果や結果などを他者から求められる点だと思います。

面接官：どうしてそのように思いますか？

あなた：学生の場合　自分が立てた目標を達成できなくても、その責任は自分だけですみますが　　　　　　　、社会人の場合　例えば、売上目標を達成できないと自分だけではなく、会社にも迷惑がかかるからです　　　　　　　　　　　　　　　　　　　　。

面接官：では、あなたは社会人としての要件を満たしていますか？

あなた：これから私も社会人となるわけですが、いまでも十分満たしていると思います。なぜなら、「TOEIC800点を取得する」と目標を立てたときには、3か月という勉強期間を決めて取り組み、目標を達成しました。私は目標を立てたら、そのための努力を惜しみません。

> すぐにでも社会人としてやっていけることをアピールしよう。

まとめ

成果や結果などを他者から求められる点だと思います。学生の場合は、自分が立てた目標を達成できなくても、その責任は自分だけですみますが、社会人の場合は、そうはいきません。例えば、売上目標を達成できないと、自分だけではなく会社にも迷惑がかかります。もちろん、私が入社しましたら目標を達成するための努力を惜しみません。「TOEIC800点を取得する」と目標を立てたときには、3か月という勉強期間を決めて取り組み、達成しました。

面接官： あなたが考える社会人とは、どのような人ですか？ それに当てはまる人は誰ですか？

あなた： _____。
具体的にそれに当てはまるのは、_____。

面接官： では、学生と社会人（あなたとその人）の一番の違いは何だと思いますか？

あなた： _____

面接官： どうしてそのように思いますか？

あなた：
学生の場合 _____
_____、社会人の場合 _____
_____。

面接官： では、あなたは社会人としての要件を満たしていますか？

あなた： _____

まとめ

10年後、あなたは何をしていると思いますか？

　将来のビジョンを、どの程度描けているのかを見られます。入社してやりたいことを、具体的に答えましょう。ただ、やりたいことを語るだけではなく、実現するためにどうすればいいのか、何が必要なのかを話すと、やる気がより伝わります。もし、10年後の自分を想像するのが難しければ、社歴10年前後のOB・OGを訪問するといいでしょう。

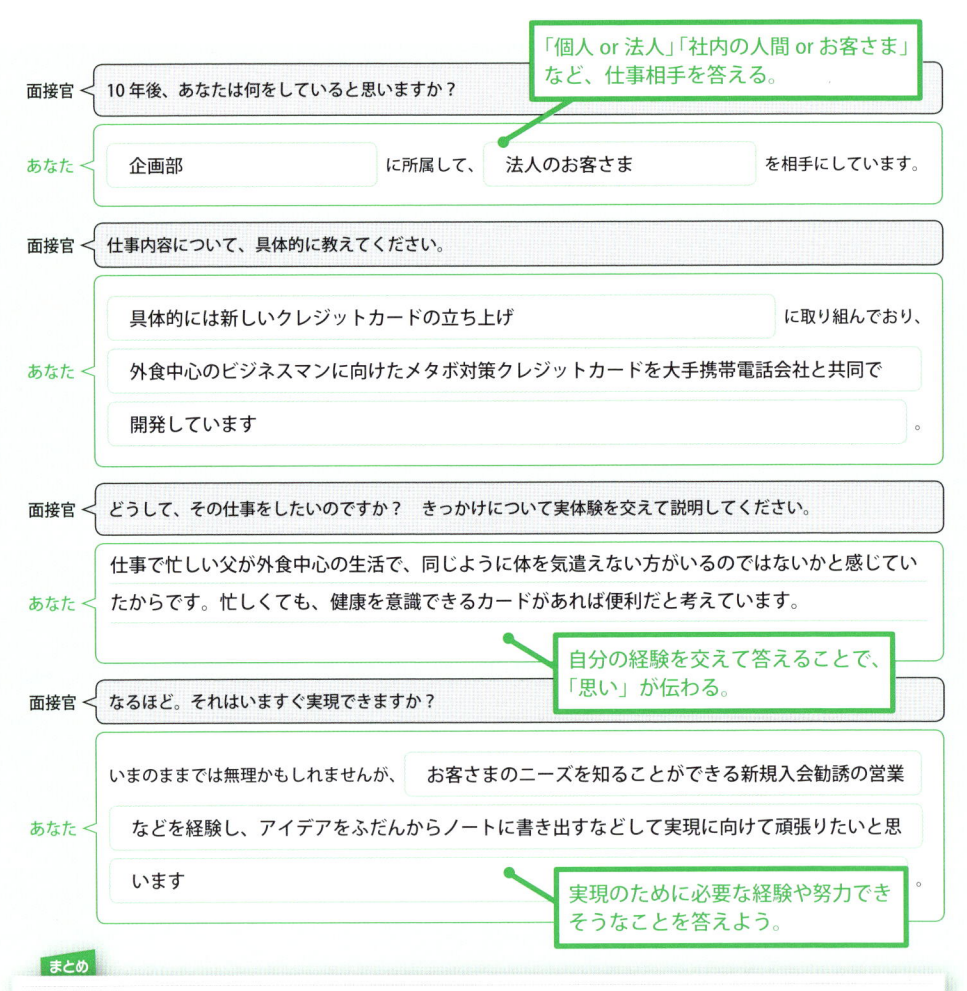

面接官：10年後、あなたは何をしていると思いますか？

あなた：企画部 に所属して、 法人のお客さま を相手にしています。

> 「個人 or 法人」「社内の人間 or お客さま」など、仕事相手を答える。

面接官：仕事内容について、具体的に教えてください。

あなた：具体的には新しいクレジットカードの立ち上げ に取り組んでおり、外食中心のビジネスマンに向けたメタボ対策クレジットカードを大手携帯電話会社と共同で開発しています。

面接官：どうして、その仕事をしたいのですか？ きっかけについて実体験を交えて説明してください。

あなた：仕事で忙しい父が外食中心の生活で、同じように体を気遣えない方がいるのではないかと感じていたからです。忙しくても、健康を意識できるカードがあれば便利だと考えています。

> 自分の経験を交えて答えることで、「思い」が伝わる。

面接官：なるほど。それはいますぐ実現できますか？

あなた：いまのままでは無理かもしれませんが、 お客さまのニーズを知ることができる新規入会勧誘の営業 などを経験し、アイデアをふだんからノートに書き出すなどして実現に向けて頑張りたいと思います。

> 実現のために必要な経験や努力できそうなことを答えよう。

まとめ
10年後は企画部で新しいクレジットカードの開発に取り組んでいると思います。外食中心のビジネスマンに向けたメタボ対策クレジットカードを大手携帯電話会社と共同で開発しています。父が仕事で忙しく健康に気遣えていないのを見て、ほかの方も同じように困っているのではないかと感じていたので、ぜひとも開発したいです。いまのままでは無理かもしれませんが、入社してお客さまのニーズを直に知ることができる新規入会勧誘の営業など経験し、アイデアをふだんからノートに書き出すなどして実現に向けて頑張りたいと思います。

面接官：10年後、あなたは何をしていると思いますか？

あなた：[　　　　　　　　]に所属して、[　　　　　　　　]を相手にしています。

面接官：仕事内容について、具体的に教えてください。

あなた：
[　　　　　　　　　　　　　　　　　　]に取り組んでおり、
[　　　　　　　　　　　　　　　　　　　　　　　　　　]
[　　　　　　　　　　　　　　　　　　　　　　　　　　]。

面接官：どうして、その仕事をしたいのですか？ きっかけについて実体験を交えて説明してください。

あなた：

面接官：なるほど。それはいますぐ実現できますか？

あなた：いまのままでは無理かもしれませんが、[　　　　　　]
[　　　　　　　　　　　　　　　　　　　　　　　　　　]
[　　　　　　　　　　　　　　　　　　　　　　　　　　]。

4章 面接シミュレーション編②

まとめ

あなたの夢は何ですか？

この質問では、あなたの将来のビジョンを見られます。「世界一周旅行をしたい」「一軒家を建てたい」などのようなプライベートな夢ではなく、仕事における夢を答えましょう。自分の夢と入社試験を受けている企業が、どのように関わっているのかを伝えることで、面接官から共感してもらえます。ただ夢を語るだけではなく、実現のための行動を起こしているとより説得力が増すでしょう。

面接官：あなたの（仕事における）夢は何ですか？

あなた：はい。私の夢は、ガイドブック業界の常識を揺るがすことです。

面接官：どうしてそれをしたいのですか？

あなた：ふだん利用していて「持ち運びにくい」「ネットと連動していない」など不便に感じることが多く、工夫できることがたくさんあると思うからです。

面接官：では、いつまでに夢をかなえようと思っていますか？

あなた：35 歳の 20XX 年 1 月 5 日 までにかなえようと思っています。

> 夢を達成する日付を宣言することで「やる気」と「覚悟」が伝わる。

面接官：夢をかなえるのに必要なこと（もの）は何だと思いますか？

あなた：リーダーとして新規事業を立ち上げられるだけの経験、インターネットに関する知識、人脈などが必要です。

面接官：なるほど。では、現在、夢に向かって行動していることはありますか？

あなた：既存のガイドブックやそれに準ずるサービスを利用し、もっと工夫ができないか研究しています。

まとめ

私の夢は、35 歳までに業界の常識を揺るがすようなガイドブックをつくることです。なぜなら、ふだん利用していて、持ち運びにくかったり、ネットと連動していないなど不便に感じることが多く、もっと工夫できることがたくさんあると思うからです。もっと旅が楽しくなるガイドブックをつくりたいです。そのため、日頃からガイドブックやインターネットなどのサービスを利用して研究しています。

面接官：あなたの（仕事における）夢は何ですか？

あなた：

面接官：どうしてそれをしたいのですか？

あなた：

面接官：では、いつまでに夢をかなえようと思っていますか？

あなた：　　　歳の　　　　　　　　　までにかなえようと思っています。

面接官：夢をかなえるのに必要なこと（もの）は何だと思いますか？

あなた：

面接官：なるほど。では、現在、夢に向かって行動していることはありますか？

あなた：

まとめ

4章　面接シミュレーション編②

最後に何か質問はありますか？

　ホームページや会社案内を調べてわかるようなこと、当たり前のこと、聞いても意味がないことを質問しても、あなたの評価は下がるだけです。本当に興味を持っていれば、質問は色々と考えられるはずです。そのため、どこまで真剣にその企業について考えているかを問われます。ただ質問するだけではなく、「どうして聞きたいのか」という自分の考えも付け加えて話すといいでしょう。

面接官：最後に何か質問はありますか？

あなた：御社のホームページ、説明会、会社案内などを調べてもわからなかったのですが、出産後は転勤について考慮していただくことはできるのでしょうか？

面接官：どうしてそれを知りたいのですか？

あなた：出産後に転勤となると、場合によっては辞めなければならないかもしれません。私は、ずっと働き続けたいと考えているので、とても重要だと思っております。

面接官：では、それを知ることで、今後どのように仕事をしようと思いますか？

あなた：「転勤が必要な仕事は出産前に経験する」など、今後のキャリア形成について考えながら仕事ができます。

面接官：では、その件についてですが…

まとめ

結婚して子どもができてからも仕事を続けたいのですが、出産後は転勤について考慮していただけるのでしょうか？「転勤が必要な仕事は出産前に経験する」など、今後のキャリア形成について考えることができるため、さしつかえなければ教えていただきたいです。

面接官 < 最後に何か質問はありますか？

あなた < 御社のホームページ、説明会、会社案内などを調べてもわからなかったのですが、
　　　　　　　　　　　　　　　　　　　　　　　　　　　　　　　　　　　。

面接官 < どうしてそれを知りたいのですか？

あなた <

面接官 < では、それを知ることで、今後どのように仕事をしようと思いますか？

あなた <

面接官 < では、その件についてですが…

4章 面接シミュレーション編②

まとめ

5章 面接反省編、Q&A

退室マナー、反省方法など面接後にするべきことを紹介します。面接が終了しても決して油断してはいけません。次回の面接で活かせるようすぐに反省し、次の選考にのぞみましょう。

退室マナー

　面接官は、最後の最後まであなたのことを見ています。たとえ、質問に上手に答えられなくても、最後の所作であなたの印象を逆転させることもありえます。会社の外に出るまでは決して気を抜かないように注意しましょう。

①面接終了
　面接官から「これで終わります」と終了の言葉をかけられたら、「貴重な時間をいただいた」という感謝の気持ちを抱きながら「ありがとうございました」と言い、座ったまま軽く一礼します。

②再度一礼する
　椅子から立ち上がり、再度面接官と目を合わせて「ありがとうございました。よろしくお願いします」と言って、一礼します。そして、ドアまでゆっくりと戻ります。

③退室前にも笑顔で一礼
　ドアまで戻ったら、そこで立ち止まります。もう一度面接官に体を向けて「失礼します」と言って、さわやかな笑顔で一礼します。

④ドアの開閉
　ドアを開け、面接官とアイコンタクトを交わしつつ、音を立てないように両手で静かに閉めます。ドアが閉じるまで、手を離さないようにすると静かに閉められます。

⑤気を引き締めて次へ
　面接会場を退室しても、面接は終了ではありません。誰が見ているかわからないので、気を引き締めて次に向かいましょう。特に、「会社の付近で携帯電話を使用する」「会社の近くでほかの学生とたむろする」「会社の近くのカフェなどで反省会をする」などは控えてください。面接会場から、速やかに立ち去ることが一番です。

▶ 退室マナー

①面接終了

「これで終わります」
「ありがとうございました」

②再度一礼する

「ありがとうございました。よろしくお願いします。」

③退室前にも笑顔で一礼

「失礼します」

④ドアの開閉

⑤気を引き締めて次へ

○ ×

すぐに反省する

　反省のベストタイミングは、面接の直後です。もし、面接で失敗したとしたら、とても悔しくて一番モチベーションが高くなっているでしょう。面接が終わったら、反省点を必ずメモしておきましょう。いくら反省しても、紙に残しておかないと忘れてしまいます。

期待しない

　よい結果を期待していたのに落ちてしまったら、次の面接にさしつかえます。面接が終わったら、結果を期待せずに反省をして次の面接に向けて準備しましょう。

よい点・悪い点を考える

　反省の際には、「よい点」「悪い点」の2つを意識しましょう。面接で失敗したときに反省すると、つい「悪い点」ばかりに意識が向きがちですが、それでも「よい点」はどこかにあったはずです。うまくできた点を確認すればするほど、自分の「自信」につながります。反対にうまくいったと思っている面接でも、悪かった点はあるはずです。よい点はそのまま次の面接に活かし、悪い点はしっかりと反省して次回はしないようにしましょう。

原因を把握して、行動に落とし込む

　反省とは、同じ間違いを二度としないようにすることです。反省する際に、気をつけていただきたいことが2つあります。

　1つは、「原因」をちゃんと把握すること。原因を考える際に、「なぜ？」と自分に問いかけます。例えば、「なぜ、うまく自己PRを話せなかったのか？」「なぜ、緊張してしまったのか？」などのように問いかけ、それを何度も何度もくり返します。最低でも、5回くらいはくり返してください。そうしていくうちに、「本当の原因」が見つかるでしょう。

　もう1つは、その原因を解消するための行動を考えることです。具体的な行動に落とし込まないと、また同じ間違いをすることになります。就職活動に失敗はつきものです。二度と同じ間違いをしないようにしましょう。

▶ **反省シート**

面接の流れを振り返り、よい点・悪い点を記入してください。
悪い点はどうすればよかったのかを考えましょう。

良い点	悪い点
① 自己紹介を1分で答えることができた。	
サークルについて活動内容をノートにまとめて振り返り、しっかり説明できるようにする。	② 学生時代について聞かれたが、サークルのことをちゃんと説明できなかった
③ ダイエットの話を聞かれて答えたが、面接官の反応がよく、面接が和やかになった。	

悪い点（②）をどうすればよかったのか、今後どうすべきなのか具体的に記入する。

④

面接の流れに沿ってよい点・悪い点（①②③）を記入する。悪い点を反省したら、次回の面接ではよい点だけになるようにのぞもう（④）。

Q&A

　先輩たちが悩んでいた面接にまつわる疑問についてお答えします。同じ悩みを抱えていたら、いますぐ解決しましょう。

Q 面接日に提出書類を忘れてしまいました。どうすればいいのでしょうか？

A まず、気づいた時点ですぐに採用担当者におわびしましょう。そして、今後どうするべきなのかを確認してください。その際に「速達で送ります」「明日、持参します」と話し、すぐにでも提出する姿勢を見せることも大切です。

Q もし、面接に遅刻しそうになったらどうすればいいのでしょうか？

A 遅刻するとわかった時点で、すぐに企業へ連絡しましょう。その際、到着するのにどれくらいかかるのかも伝えましょう。その際ギリギリの時間を伝えてしまうと、また何か起こったときに2度も予定をずらしてしまうことになり、さらに印象が悪くなってしまいます。1秒でも早く着いたほうがいいのですが、余裕を持った到着時間を伝えるようにしましょう。

Q 面接案内に「自由な格好でお越しください。私服でもOKです」とあったのですが、どのような格好でのぞめばいいでしょうか？

A 「自由な格好、私服でもOK」とあったとしても、カジュアルすぎる服装はよくありません。業界や社風を考えながら、そのまま仕事をしても問題ない服装でのぞみましょう。もし、妥当な服装をイメージできなければ、実際にその企業のOB・OGがどのような服装をしているのかを参考にしてください。

Q 志望企業の面接よりも先に、ほかの企業の面接を受けたほうがいいのでしょうか？

A 志望企業よりも先に、ほかの企業の面接を受けたほうがいいでしょう。模擬面接よりも、本番に勝る練習はありません。面接には、「慣れ」と「失敗」が必要です。実際に受けることで、答えられない質問や、自分の思いが面接官に伝わらなかったなどの失敗が出てくるはずです。そのような経験を通して、くり返し反省していれば、志望企業の面接を受ける際にはよい結果が出るでしょう。

Q 自己ＰＲや志望動機などは、１次面接、２次面接と同じ内容を話してもかまわないでしょうか？

A 段階によって面接官は変わるので、同じ内容を話しても大丈夫です。もし、１次面接の際に「物足りない」「アピール不足」などと感じるようなことがあれば、２次面接のときに新たに肉づけして話すといいでしょう。

Q 集団面接で前の人と意見やエピソードがかぶってしまった場合、同じ回答をしてもいいのでしょうか？

A 答えがまったく同じになるということは、さすがにないでしょう。前の人には話せないあなただけの経験談などを交えながら、「自分の言葉」で話しましょう。くれぐれも「前の人の意見と同じです」と言って、自分の意見を述べないことだけは避けてください。

Q 面接官の質問を忘れてしまった場合、どうすればいいでしょうか？

A 誤魔化したり、質問の意図に沿っていない回答をしないように、素直に「まことに申し訳ありませんが、もう一度質問を教えていただけないでしょうか？」と再確認しましょう。

Q 答えられない質問をされたときは、どうすればいいのでしょうか？

A 「申し訳ありませんが、勉強不足でわかりません」と素直にわからないことを伝えましょう。知ったかぶりをするのが一番いけません。また、「すぐに調べたいと思います」などと、今後どうするのか前向きな話をするのもいいでしょう。くれぐれもわからないからといって、無理に考えて沈黙しないように気をつけましょう。

Q 突然、面接で予想外の質問をされました。そういう場合はどうすればいいでしょうか？

A 「1億円あったら何をしますか？」「無人島に持っていきたいものを1つ挙げてください」など色々な質問が考えられますが、この種の質問にはこれを言えば正解というものはありません。自分が思いついたことを、自信を持って答えましょう。面接官は回答内容よりも、あなたがどのように答えるのかを見ています。「不測の事態でも対応できるのか」「トラブルが起きたときに対処できるのか」などの状況対応力や判断力をチェックしているのです。すぐに回答が思いつかなければ、「オウム返し」で質問の内容をくり返して時間を稼ぎ、その間に考えましょう。くれぐれも無言になることだけは避けましょう。

Q 「最後に一言どうぞ」と言われて困ってしまうのですが、何を言えばいいのでしょうか？

A せっかく話す機会をいただいたので、これまでの面接で言い足りなかったことを話しましょう。「十分に面接官に伝えることができた」と思うのであれば、再確認の意味も込めて「自分の強み」や「志望動機」を述べて入社したい意志を伝えるといいでしょう。

Q 「ほかにどの企業を受けていますか？」と聞かれた場合、落ちてしまった企業のことは言わないほうがいいのでしょうか？

A 面接官が確認したいのは現在の就職活動状況なので、あえて自分から落ちた企業について話す必要はありません。まれに「いままでに落ちてしまった企業はありますか？　どうして落ちてしまったと思いますか？」などと聞かれる場合もあるので、落ちた原因についてはあらかじめ考えておき、次の面接で活かせるようにしておきましょう。

Q 銀行や信用金庫などの金融機関の面接を受けるのですが、「御社」と呼んでもいいのでしょうか？

A 銀行の場合は「御行（おんこう）」、信用金庫の場合は「御庫（おんこ）」と呼びます。その他の呼び方については、下記を参考にしてください。

> 団体⇒御協会（おんきょうかい）　組合⇒御組合（おんくみあい）
> 事務所⇒御所（おんしょ）　病院⇒御院（おんいん）
> 省庁⇒御省（おんしょう）　学校⇒御校（おんこう）
> 学院⇒御院（おんいん）

Q 「今日はどうやって来ましたか？」と面接でよく聞かれるのですが、何を見ているのでしょうか？

A 面接を和ませるために質問される場合が多いのですが、あなたの交通手段に興味があるのではなく、わかりやすく説明できるかどうかを見られています。説明を聞いた面接官が、実際にあなたの自宅から面接会場に来られるくらいわかりやすく簡潔に話しましょう。

Q 面接では、どんな企業にも「御社が第1志望です」と言わなければならないのでしょうか？

A 嘘をつかずに、正直に話したいというあなたの気持ちはわかります。しかし、少しでも入社したい気持ちがあるからこそ面接を受けているのでしょうから、「第1志望です」と答えましょう。面接官の気持ちを考えたら、「第1志望です」と言われるのと「第2志望です」と言われるのとではどちらがうれしいでしょうか？ また、迷いながら答えると、面接官に伝わって信頼を損なうので、自信を持って答えましょう。

Q 小・中・高時代の昔の話をしてもいいのでしょうか？

A 面接官との話をする中で昔のことについて触れるのはかまいませんが、できるだけ最近の話をしたほうがいいでしょう。なぜなら、面接官が知りたいのは「現在のあなた」なので、大学時代の話が最もそれを判断しやすいからです。特に「学生時代に頑張ってきたことは？」という質問には、大学生時代のことを話しましょう。

Q 最終面接で落ちることもあるのでしょうか？

A 企業によって、最終面接は意志確認だけの場合もあれば、選考の場合もあります。実際に最終面接で何度も落ちる人もいるので、どんな段階の面接でも油断せずにのぞみましょう。

Q 逆面接とは何でしょうか？

A 逆面接とは、あなたが面接官になって採用担当者に質問する形式の面接です。採用担当者から「何でもいいので質問してください」と言われることもありますが、本当に何を質問してもいいわけではありません。ホームページや会社案内に掲載されている、自分が調べればわかるようなことを聞いてはいけません。「そのような情報を知って疑問に思ったこと」「これから仕事をする上でどうしても知りたいこと」などの踏み込んだ質問をしましょう。どれだけその企業について調べているのかが、問われます。そのような姿勢から、面接官は「あなたの本気度」を確認しています。あらかじめ「逆面接」と知っていれば準備ができるので、先輩やOBに確認しておくといいでしょう。

Q プレゼン面接で気をつけることはありますか？

A プレゼン面接には、「事前に資料を作成して面接官に説明するもの」「当日テーマを教えられて発表するもの」などがあります。与えられたテーマについて意見を述べたり、企画の提案を求められますが、一番気をつけたいのは「決められた時間を守ること」です。企業によっては、話している途中でも厳密に制限時間内で打ち切るところもあるので、オーバーしないようにしましょう。事前にテーマを与えられた場合は、時間内におさまるように内容を考えて何度も練習しましょう。その際、時間を計りながら鏡の前で練習すると上達します。また、プレゼン時間は短いことが多いので、伝えたいメッセージを1つに絞りましょう。特にテーマが「自分に関するもの」の場合は、強みや価値観が伝わるように意識してプレゼンしましょう。

Q グループ・ディスカッションでは何を見ているのでしょうか？

A おもに、「協調性」「リーダーシップ」「傾聴力」「積極性」「発想力」「理解力」が見られます。具体的には、「ほかの学生の意見を聞いているか」「議論をまとめたり展開できるか」「テーマや論点を理解しているか」「積極的にディスカッションに参加しているか」などです。それらができるようになるためには、日頃から考える力を磨いておくことが大切です。例えば、新聞やテレビのニュースを見て「自分ならどうするか」「なぜ、このようなことをしているのか」などと掘り下げて考えると鍛えることができます。

Q 面接のあとに、「合否に関係なく電話か郵送で1週間以内に結果を報告する」と言われたのですが、1週間経っても連絡がありません。問い合わせをしたほうがいいでしょうか？

A 「期限内に合否に関係なく連絡する」と説明されたのであれば、電話やメールで問い合わせましょう。企業側に、手違いがあったのかもしれません。ただ、その際には、不信感をあらわにするような態度は避けて冷静に問い合わせましょう。

Q 指定された面接日に、大学の試験があります。面接の日程変更はマイナス評価になってしまうのでしょうか？

A 大学の試験と重なることがはっきりしている場合は、日程変更がマイナスになることはありません。とはいえ、何度も変更するようなことは避けましょう。企業に「志望度が低い」と思われかねません。それこそマイナスなので、変更は「一度だけ」にしましょう。

Q 面接や説明会などを辞退するときは、連絡したほうがいいのでしょうか？

A 企業に迷惑をかけないように、辞退を決めた時点で「すぐに」連絡しましょう。そうすると、ほかの受験者の方が、受けられる機会が増えるかもしれません。自分のことばかり考えずに、まわりに配慮することが大切です。

> **Q** 採用・選考について、問い合わせる際の注意点はありますか？

A 電話とメールで問い合わせする際の注意点をそれぞれご紹介します。

▶電話の場合

①電話する時間帯

平日の始業時、正午前後、終業時以降の時間帯は避けましょう。11～12時、14～16時の時間帯に電話をかけるのが無難です。

②自分から名乗る

まずは、自分の名前を名乗ってから用件を伝え、担当者につないでもらいましょう。

> 例）「私、○○大学○○学部○年日実太郎と申します。新卒採用の応募に関してうかがいたいことがあるのですが、ご担当者様はいらっしゃいますでしょうか？」

③明るく・落ち着いた対応をする

電話対応の仕方も相手に見られています。問い合わせする前に質問事項をまとめておくと落ち着いた対応ができ、好印象を与えることができます。

④必ずお礼を言って、相手が電話を切るのを待つ

聞きたいことだけ聞いてこちらから電話を切ってしまっては、相手の気分を悪くしてしまいます。忙しいところ時間を割いてくれたことを感謝してあちらが切るのを待ってから電話を切りましょう。

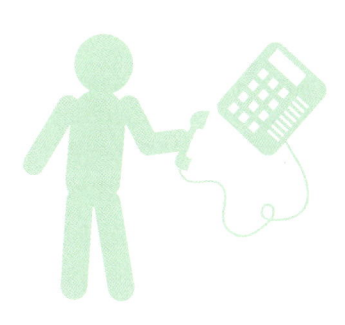

▶ **メールの場合**

メール例

件名：会社説明会　日程変更のお願い ●―①

株式会社 日本実業出版社 ●―②
人事部　○○○○様 ●―③

●●大学●●学部3年の
日実太郎と申します。 ●―④

本日は会社説明会の日程変更のお願いでメールいたしました。

お約束の日時は「1月17日（月）の14時」でしたが ●―⑤
あいにく学校の用事が入ってしまい参加することができません。

まことに申し訳ないのですが、日程の変更をお願いできないでしょうか？
いまのところ1月17日以外でしたら空いておりまして、
いつでもかまいません。 ●―⑥

まことに勝手なお願いではございますが、
なにとぞ、よろしくお願い申し上げます。

＋＋＋＋＋＋＋＋＋＋＋＋＋＋＋＋＋＋＋＋＋＋＋＋＋＋＋＋＋＋＋＋＋＋＋＋＋＋＋
●●大学　●学部　3年
日実太郎（にちじつたろう） ●―⑦
〒113-0033
東京都文京区本郷3丁目2番12号
電話：03-0000-0000　携帯：080-0000-0000
mail：tarou@job-forum.jp

＋＋＋＋＋＋＋＋＋＋＋＋＋＋＋＋＋＋＋＋＋＋＋＋＋＋＋＋＋＋＋＋＋＋＋＋＋＋＋

メールで問い合わせる場合は、なるべく一般的な就業時間である９～18時の間にします。企業から回答があったら、必ずお礼のメールを送りましょう。自分がメールを送ってやりとりを終えておくと、返信が必要なメールを返しそびれるリスクを減らすことができます。また、返信メールは、メールをもらってから一両日中にしましょう。

①件名は、内容が一目でわかるようにする

　一目で内容のわかる件名にします。返信する場合は、もとの件名を残して自分の名前を添えるのもいいでしょう。「Re:」が２つ以上になる場合は、新しく件名を記入しましょう。

②宛名を書く

　１行目に会社名、２行目に部署名と相手の名前を略さずに書きます。名前がわからない場合は、「ご担当者様」と書きましょう。

③学校名、名前を名乗る

　誰から届いたかわかるように、まず名乗りましょう。何度メールを送ることになっても、毎回必ず名乗ります。

④１行あたりの文字数は 30 文字程度にする

　改行のない長々とした文章は、とても読みづらいです。改行や１行空きなどで、相手が読みやすいようにしましょう。

⑤用件を簡潔に書く

　担当の方は忙しいので、誰が読んでもわかるくらい簡潔に書きましょう。

⑥相手に合わせる

　変更をお願いする際は相手の都合に合わせること。

⑦署名を入れる

　連絡がとりやすいように、メールの最後に署名を入れましょう。署名には、「名前・住所・電話番号・メールアドレス」は必須です。本文と区別できるように、「シンプルな枠」で区切るといいでしょう。

特典ページ

読者の皆様へ

〈著者〉**田口久人** 作成

【無料レポートマニュアル】
自己分析もできる面接ワークシート

いますぐ、インターネットからダウンロードできます。

➡ **http://recruit-ranking.com/m**

このほかにもホームページやブログで、就職活動に役立つ情報を提供しております。
興味のある方はご覧ください。

■就職活動のすすめ
◯ http://www.geocities.jp/shukatunosusume/

■自己PRコンテスト
◯ http://pub.ne.jp/shukatu/

■就職活動ベストブログランキング
◯ http://recruit-ranking.com/

著者　田口久人へのセミナー依頼、相談、取材、お便り先はこちらまで
E-mail：info@job-forum.jp
twitter ID：taguchi_h

田口 久人（たぐち　ひさと）

新卒専門のキャリアコンサルタント。東京都出身。慶応義塾大学を卒業後、広告代理店を経て「ヤングキャリアコンサルタント」として独立。人気ブログランキングでは就職活動部門1位を獲得し、WEB・モバイルプランニングのコンテストで受賞するなどWEB企画における手腕には定評があり、運営する就職活動支援サイトの総アクセス数は1日10,000を超える。「いかにその人の魅力を引き出すか」を追求し続け、NLPを活用した独自の目標達成セミナー、面接セミナーなどを開催。充実したキャリアを築くための方法を伝えることで、多くの学生から圧倒的な信頼、支持を得ている。

米国NLP（TM）協会認定マスタープラクティショナー、JIPCC認定キャリア・コンサルタント、プロフェッショナル・キャリア・カウンセラー。

著書に『受かる！自己分析シート』『今度こそ「なりたい自分」になる夢ノート』（日本実業出版社）、『内定の常識』（ダイヤモンド社）がある。

あなただけの回答をカンタンに用意できる
受かる！面接力養成シート

2010年2月20日　初版発行
2011年12月20日　第3刷発行

著　者　田口久人　©H.Taguchi 2010
発行者　杉本淳一

発行所　株式会社 日本実業出版社　東京都文京区本郷3-2-12　〒113-0033
　　　　　　　　　　　　　　　　　大阪市北区西天満6-8-1　〒530-0047
　　　　編集部　☎03-3814-5651
　　　　営業部　☎03-3814-5161　振替　00170-1-25349
　　　　　　　　　　　　　　　　　http://www.njg.co.jp/

印刷／壮光舎　製本／共栄社

この本の内容についてのお問合せは、書面かFAX（03-3818-2723）にてお願い致します。
落丁・乱丁本は、送料小社負担にて、お取り替え致します。

ISBN 978-4-534-04673-4　Printed in JAPAN

好評既刊

質問に答えるだけで
エントリーシート・履歴書がすぐ書ける
受かる！自己分析シート

田口久人著
定価1260円（税込）

▶ワークシートの狙い

STEP1
自己分析シート
25の質問に順番に答えて、自分の強み・やりたいことを発見しよう！

STEP2
他己分析シート
まわりの人の評価で、自分の強みを再確認しよう！

STEP3
企業研究シート
自分の強みを活かせる、やりたいことができる企業を探そう！

STEP4
履歴書準備
STEP 1〜3の回答を履歴書に落とし込もう！

STEP5
エントリーシート、履歴書を提出
エントリーシートでよくわる設問にも対応！

価格は消費税（5％）を含む金額です。定価変更の場合はご了承ください。